GULLIVER

5526

Selbstdenken! kam auf die Auswahlliste
zum Deutschen Jugendliteraturpreis.

Jens Soentgen, geboren 1967 in Bensberg, promovierte in Philosophie
mit einer Arbeit über den Stoffbegriff. Lehraufträge für Rhetorik und
Philosophie führten ihn an verschiedene Universitäten in der Bundes-
republik. Mehrfach war er als Gastprofessor in Brasilien tätig. Jens
Soentgen arbeitet seit vielen Jahren als Fachautor für die F.A.Z. und ist
seit 2002 Leiter des Wissenschaftszentrums Umwelt der Universität
Augsburg.

Nadia Budde, geboren 1967 in Berlin, war Gebrauchswerberin, bevor
sie an der Kunsthochschule Berlin Weissensee Grafik studierte. Sie ist
eine der bekanntesten deutschsprachigen Illustratorinnen und hat
zahlreiche Bilderbücher veröffentlicht.
Für ihr erstes Bilderbuch *Eins zwei drei Tier* erhielt sie den Deutschen
Jugendliteraturpreis.

Jens Soentgen

Selbstdenken!

20 Praktiken der Philosophie

Mit zweifarbigen Bildern
von Nadia Budde

EIN **GULLIVER** VON **BELTZ & GELBERG**

Dank
Kai-Uwe Bux und Konrad Heumann haben verschiedene
Kapitel für dieses Buch gelesen und durch viele Hinweise
verbessert - dafür danke ich beiden herzlich. Besonders
danke ich Kerstin Gluth für kritische Kommentare und weit
reichende Hilfe. Ihr Interesse hat das Schreiben leicht gemacht.
J. S.

www.gulliver-welten.de
Gulliver 5526
© 2007 für diese Lizenzausgabe
Beltz & Gelberg
in der Verlagsgruppe Beltz · Weinheim Basel
Alle Rechte für diese Ausgabe vorbehalten
© 2003 Peter Hammer Verlag GmbH, Wuppertal
Neue Rechtschreibung
Markenkonzept: Groothuis, Lohfert, Consorten, Hamburg
Einbandtypographie: Max Bartholl
Einbandbild: Nadia Budde
Gesamtherstellung: Druck Partner Rübelmann, Hemsbach
Printed in Germany
ISBN 978-3-407-75526-1
1 2 3 4 5   11 10 09 08 07

*Der König sprach: »Ehrwürdiger Nagasena, möchtest du
noch weiter mit mir diskutieren?«
»Wenn du nach Art eines Weisen diskutieren willst, o König, dann
schon; willst du aber nach Art eines Königs diskutieren, dann nicht.«
»Wie diskutieren denn Weise, ehrwürdiger Nagasena?«
»Bei den Diskussionen der Weisen, o König, zeigt sich ein Auf- und
Abwickeln, ein Überzeugen und Zugestehen; Nebeneinander-
stellungen und Gegenüberstellungen werden gemacht. Und doch
geraten die Weisen dabei nicht außer sich. So, o König, diskutieren
Weise.«*

Aus dem Milinda-Pañha, einem altindischen Text aus dem
2. Jahrhundert v. Chr.

INHALT

Einleitung

Unter den Ärzten der Antike gab es die Gruppe der sogenannten Methodiker – sie waren, wie der Name schon sagt, höchst systematische Geister. Sie wollten Ordnung in das Chaos der Medizin bringen. Wozu die unübersehbar vielen Verfahren, Heilmittel und Heilkräuter? Die Methodiker waren der Ansicht, dass man alle Krankheiten mit ein und derselben Methode behandeln könne. Geniale Idee! Doch worin bestand jene wunderbare Einheitsmethode? Wir wissen es leider nicht genau. Denn die Methodiker verschwanden, nachdem sie kurze Zeit sehr in Mode waren und sogar am römischen Kaiserhof wirkten, vollständig von der Bildfläche.

Auch in der Philosophie hört man bereits in der Antike die Meinung, alle philosophischen Probleme ließen sich auf ein und dieselbe Weise glücklich behandeln. Doch im Unterschied zu den Methodikern in der Medizin sind die philosophischen Methodiker keineswegs ausgestorben. Vielmehr wird bis heute immer wieder verkündet, man habe jetzt *die* philosophische Methode entdeckt, von der überall Fortschritte zu erwarten seien. In den letzten hundert Jahren wurden in diesem Sinne etwa die phänomenologische Reduktion, die Hermeneutik oder auch die logische Analyse angeboten: je geheimnisvoller der Name, desto besser. Und wo die Methode mal nicht passte, hat man das entsprechende Thema kurzerhand für unsinnig erklärt.

Die Wahrheit ist aber, dass man in der Philosophie ebenso wie in der Medizin mit einer Vielzahl von Verfahren arbeiten muss. Beobachtet man philosophische Diskussionen, so entdeckt man eine bunte Vielfalt von Praktiken: Das Parodieren gehört ebenso dazu wie die Verfahren des Definierens und des Unterscheidens. Diese Praktiken hängen zusammen – doch die Bezüge sind nicht so eng, dass die eine Praktik ohne die anderen nicht funktionieren könnte. Alle Kapitel dieses Buches sind deshalb so gehalten, dass sie auch einzeln gelesen werden können. Anders als eine Methode setzt eine Praktik keinen eigenen Standpunkt voraus, der ihr die Richtung vorgibt. Ihr genügt eine bestimmte Gelegenheit, zum

Beispiel eine Meinung, die ein anderer formuliert hat. Praktiken lassen sich überall einsetzen, wo über Ideen diskutiert wird, sei das nun in einer philosophischen Debatte über den Sinn des Lebens, im politischen Kommentar einer Zeitung oder beim Familienstreit über das nächste Urlaubsziel.

Die erste Kollektion solcher Praktiken hat Aristoteles (384–322 v.Chr.) veröffentlicht: die sogenannte *Topik*, eine seiner frühesten Schriften. Als er sie schrieb, war er ein junger Mann von vielleicht neunzehn oder zwanzig Jahren, der versuchte, sich in den Debatten der platonischen Akademie, in die er eingetreten war, zurechtzufinden. Er sammelte Denk- und Argumentationsmuster, die bei verschiedenen Gelegenheiten wiederkehrten und in vielen Diskussionen unabhängig vom Thema nützlich waren. Solche Muster nannte er *topoi*. *Topos* heißt so viel wie Ort oder Gegend. Im übertragenen Sinn ist eine Gedankengegend gemeint, in der es lohnt einmal nachzusehen.

In der *Topik* finden sich etwa dreihundert solcher Muster. Später, als Aristoteles nicht mehr Schüler, sondern selbst Lehrer war, verwendete er die Schrift in seinem Unterricht. Sie ist ein Einführungskurs in die Philosophie und zugleich eine Schule der Bildung. Denn als gebildet gilt bei den Athenern nicht etwa der, der vieles weiß. Gebildet nennt man vielmehr denjenigen, der im Kopf beweglich ist, der sich zu jedem Thema eine Meinung bilden kann, neue Ideen und Argumente entwickelt und mit Ideen spielerisch umgehen kann, statt sie stumpf zu wiederholen.

Für den heutigen Leser ist die *Topik* eine schwierige Lektüre – sie ist in jenem dichten, holprigen Telegrammstil abgefasst, der für die aristotelischen Lehrschriften typisch ist. Zudem berücksichtigt Aristoteles überwiegend Praktiken, die mit der Definition eines Begriffs zusammenhängen – weil dieses Thema in der platonischen Akademie im Vordergrund stand. Seine Muster illustriert Aristoteles mit Beispielen, die man oftmals erst entschlüsseln muss, um sie zu verstehen – weil sie auf Wissen und Gedanken beruhen, die uns fremd geworden sind.

Daher ist es Zeit für eine neue Kollektion, ein buntes Album, das darlegt, wie das Denken funktioniert. Dabei geht es nicht um *Wissen*, sondern um das philosophische *Können*. Dieses Können geht nicht darin auf, Argumente zu produzieren und Thesen aufzustellen. Es hat etwas mit Träumen und Phantasieren zu tun und ist wie ein unterhaltsames *Spiel* – das einlädt, mitzuspielen.

Entstanden ist das Album ganz ähnlich wie das des Aristoteles: aus dem Geist des Abguckens. Was tun Philosophen, wenn sie philosophieren? Beobachtet man die philosophische Diskussion, so stellt sich heraus, dass das gewöhnliche Bild eines gemessenen, methodischen Schreitens von These zu These falsch ist. Vielmehr entdeckt man ein Gewusel wie auf einem Volksfest. Da wird nicht nur vorgetragen und erklärt, sondern gejohlt und gezischt, gelacht, gesungen und geflucht. Das Denken ist nicht so blutleer, wie es bisweilen erscheint. Seine Vielfalt ist erstaunlich und lässt sich kaum erschöpfend darstellen. Die Praktiken, die im Folgenden vorgestellt werden, sind nur eine kleine Auswahl. Wenn man einmal auf die Muster aufmerksam geworden ist, wird man leicht weitere finden. Auch Querverbindungen sind zu entdecken: Denn die Praktiken werden zwar einzeln dargestellt, stehen jedoch untereinander in engen Beziehungen. Die *Beispiele* habe ich politischen Reden entnommen, andere der Literatur, viele dem Alltag. Deshalb tauchen in den Dialogen, mit denen ich die Praktiken illustriere, nicht nur Sokrates auf, sondern auch Herr und Frau Meier.

Die *Spiele* und Phantasien, die zwischen die Kapitel eingestreut sind, zeigen, dass man sich der Philosophie auch auf leichtem Fuß nähern kann. Die *Literaturangaben* sind auf ein Minimum beschränkt. Im Anschluss an die einzelnen Kapitel nenne ich einige Texte, die für eine weiterführende Beschäftigung nützlich sind.

Alle Praktiken haben das Ziel, die Abhängigkeit von den Meinungen anderer zu verringern. Sie erschließen Quellen für Einfälle und Ideen und schärfen das Urteil. Darin liegt ihre befreiende Kraft. Sie stärken die Fähigkeit, *selbst zu denken*.

Diogenes von Sinope

1. Provozieren

Seit ihren Anfängen war die Philosophie eine Form der Provokation. Schon Sokrates (470–399 v.Chr.) galt als öffentliches Ärgernis. Seine ärmliche äußere Erscheinung war eine Herausforderung – anders als seine oftmals reichen Schüler trug er keinen Schmuck und lief barfuß, was ihm teils Bewunderung, teils Spott eintrug. Die üblichen Werte wie Erfolg oder Wohlstand stellte er in Frage oder machte sich über sie lustig. Als er wegen Gotteslästerung angeklagt und verurteilt wurde, warf er, statt sich demütig zu verteidigen, dem Gericht Unfähigkeit vor und forderte eine Ehrung statt einer Strafe, denn seine Arbeit mit den jungen Leuten sei ein Segen für Athen. Das Gericht fand das nicht witzig und entschied auf Tod durch Gift.

Die Geschichte der Provokation war damit nicht zu Ende. Sie erreichte neue Höhepunkte bei den Nachfolgern des Sokrates. Zu diesen gehörte auch die kleine Gruppe der Kyniker. Ein Mann namens Antisthenes (455–360 v.Chr.), der von der Bedürfnislosigkeit des Sokrates, den er persönlich kennengelernt hatte, höchst beeindruckt war, wurde zum Vater der Lehre. Doch erst sein Schüler Diogenes von Sinope (400–ca.328 v.Chr.), verhalf der Gruppe zu unsterblichem Ruhm. Er machte aus der schlichten sokratischen Genügsamkeit ein aufsehenerregendes Happening.

Diogenes lehrte, dass man seine Bedürfnisse auf die jeweils einfachste Art befriedigen solle. So glaubte er, den kürzesten Weg zum Glück entdeckt zu haben. In der Praxis sah das so aus, dass Diogenes auf dem Athener Marktplatz öffentlich onanierte, und dabei bemerkte, wie bedauerlich es doch sei, dass man den Hunger nicht ebenso einfach, etwa durch Reiben des Bauches, lindern könne.

Diogenes hatte kein Haus, sondern schlief mal hier und mal da, wie es sich gerade ergab. Eine Weile lang, so wird berichtet, hauste er in einem mannshohen Vorratsgefäß aus Ton, das als Fass des Diogenes berühmt wurde. In seiner Tonne zeigt ihn auch das einzige antike Bildnis, das wir von ihm kennen: ein Medaillon im Zentrum eines Mosaiks, das im Römisch-Germanischen Museum in Köln aufbewahrt wird. Diogenes ernährte sich von Kräutern, Oliven und Gerstenbrot. Er trug einen Wollmantel, ansonsten war er nackt. Er liebte es, anderen den Stinkefinger zu zeigen und hat insofern einen Teil der Punk-Kultur bereits vorweggenommen. In Gesellschaft anderer furzte er gerne mal so zwischendurch – was die Athener veranlasste, ihn Hund zu nennen, da ihnen der Hund, der hinpinkelt, wo es ihm gerade passt, an Essensresten herumnagt und seine sexuellen Bedürfnisse öffentlich verrichtet, als das ordinärste Tier überhaupt vorkam. Diogenes nahm das Schimpfwort als Ehrentitel an. Als er starb, errichteten ihm seine Schüler ein Denkmal mit einem Hund darauf. Das Tier wurde zur Bezeichnung der ganzen Schule – denn der Name Kyniker stammt ab vom griechischen Wort *kynikos,* was so viel heißt wie hündisch. Später wurde daraus dann die Bezeichnung Zyniker. Doch der Zyniker von heute ist nur ein boshafter Spötter. Der Kyniker der Antike war zugleich Philosoph und wollte seine Aktionen auch als Diskussionsbeiträge, als Einsprüche verstanden wissen.

Diogenes war für seinen Witz und seine Schlagfertigkeit bekannt. Als Alexander der Große (356–323 v.Chr.) ihn aufsuchte und fragte, welchen Wunsch er denn an ihn, den großen König, habe, blinzelte Diogenes nur und sagte: »Geh mir aus der Sonne.« Doch bei Sprüchen ließ er es nicht bewenden. Diogenes schrieb ganze Tragödien, selbstverständlich alle mit einem kynischen Touch, und selbst eine Schrift mit dem Titel *Politik* soll er verfasst haben. Darin stellte er sämtliche althergebrachten Sitten auf den Kopf, meinte etwa, die staatstragende Institution der Ehe sei eine Gewohnheit, die man abschaffen solle. Als Alternative schlug er vor, die freie Liebe einzuführen, in der alle mit allen Verkehr haben, also der Nachbar mit der Nachbarin, aber auch der Sohn mit der Mutter oder auch der Sohn mit dem Vater. Gewiss würde so eine freie Liebe zu Problemen führen, doch hat der scharfsinnige Diogenes auch diese bedacht. Da man, so erklärte er, in einer freien Liebesgemeinschaft nicht entscheiden könne, welches Kind zu wem gehöre, dürften sich alle als Eltern betrachten und müssten sich folglich auch alle gemeinsam um die Erziehung kümmern. Er meinte auch, dass doch nichts dagegen einzuwenden sei, wenn man das Fleisch Verstorbener äße, ja, er regte ein Gesetz an, wonach Kindern erlaubt sein sollte, ihre Eltern totzuschlagen.

In diese Richtung gingen auch seine Tragödien. Sie sind uns nicht erhalten, doch können wir aus Bemerkungen anderer antiker Autoren in etwa rekonstruieren, worum es ging. So ist überliefert, dass er einen *Ödipus* schrieb. In der klassischen Fassung ist es bekanntlich so, dass Ödipus entdeckt, dass er mit seiner Mutter geschlafen hat und sich daraufhin die Augen aussticht. Diogenes dagegen, der meinte, dass der sexuelle Verkehr mit Blutsverwandten nichts Unfrommes sei, gab der Geschichte, wie es scheint, eine positive Wendung. Die Tatsache, dass ein Sohn mit seiner Mutter schläft, hatte in seinen Augen nichts Tragisches, sondern war begrüßenswert. Seinen *Ödipus* müssen wir uns daher als einen frühen Vertreter der Philosophie des ›warum nicht?‹ vorstellen.

In einem anderen kynischen Drama, von dem uns berichtet wird, bemerkt einer, dass er soeben das gekochte Fleisch seiner eigenen Söhne gegessen habe, doch auch hier tröstet der Kyniker uns mit folgender philosophischen Betrachtung: »Nach der richtigen Auffassung ist alles in allem enthalten und geht alles durch alles hindurch: Im Brot ist Fleisch und im Gemüse Brot, und ebenso dringen bei allen übrigen Körpern durch bestimmte unsichtbare Poren Mengen ein und werden zugleich auch wieder ausgedünstet.« Wenn es aber so ist, schließt Diogenes, dann besteht zwischen dem Verzehr der eigenen Kinder und den

sonstigen Mahlzeiten kein prinzipieller, sondern nur ein gradueller Unterschied. Also kein Grund zur Aufregung.

Worum es dem Diogenes in seinen Dramen ging? Er habe die Münze umgeprägt, erklärte er. Was im Griechischen einen Doppelsinn hat: *nomisma* bedeutet nicht nur Münze, sondern auch Brauch. Und tatsächlich hat Diogenes die bestehenden Sitten auf den Kopf gestellt.

Wie hat sie sich fortgesetzt, die Geschichte der Provokationen? Nach den Kynikern war erst einmal Schluss mit dem aufsässigen Philosophieren. Ein paar Generationen nach Diogenes wurde Athen von den Römern erobert. Die Philosophie brauchte Jahrhunderte, um sich davon zu erholen. Dann begann das Mittelalter, in dem zwar die Philosophie wieder auflebte, aber für Kynismus im alten Stil wenig Raum war. Verlassen wir also die Tonne des Diogenes und wenden uns gleich der *Kommune 1* zu, jener »Lebensgemeinschaft junger Maoisten«, die sich in den sechziger Jahren in der Niedstraße 14 am Stuttgarter Platz in Berlin gebildet hatte. Sie bestand überwiegend aus Mitgliedern einer ultralinken Splittergruppe des SDS, des *Sozialistischen Deutschen Studentenbundes*. Die Agenda der Kommunegründer war identisch mit derjenigen der alten Kyniker: Protest, Revolution, freie Liebe. Kommunegründer Hans-Dieter Kunzelmann erklärte damals auf die Frage eines Journalisten, was denn die Kommune eigentlich soll: »Ich habe Orgasmusschwierigkeiten und möchte, dass der Öffentlichkeit dies vermittelt wird.«

Doch nicht nur um Kunzelmanns Orgasmusschwierigkeiten ging es. Unter der Überschrift »Wann brennen Berlins Kaufhäuser?« hatten die Kommunarden gegen den Krieg in Vietnam protestiert. Diese Schrift wurde als Anregung zur Brandstiftung verstanden und brachte den Freunden Fritz Teufel (damals 23) und Rainer Langhans (damals 27) ein Gerichtsverfahren ein. Dieses verwandelten die beiden nach und nach in eine Performance. Schon der Auftritt der Angeklagten gab einen Vorgeschmack auf das, was noch kommen sollte. Rainer Langhans und Fritz Teufel erschienen vor dem Berliner Landgericht in beeindruckenden Phantasie-uniformen. Rainer Langhans glich unter einem aufwendig frisier-ten Lockenschopf einem Papua-Medizinmann. Zu einem lindgrü-nen Jäckchen mit orangefarbenen Knöpfen, mit Mao-Kragen und Manschetten in Blau trug er hellblaue Jeans. Durch Lockenstrudel und hinter kreisrunden Brillengläsern hervor spähten die Augen eines melancholischen Mäuserichs. Fritz Teufel hingegen war in einen fast knielangen, orangefarbenen Kittel gekleidet, an dem sil-berne Knöpfe blitzten, während Manschetten und Mao-Kragen in Violett erstaunliche Akzente setzten. Haar und Bart, eine perfekte Rundumfrisur, waren vergleichsweise dezent und seine Augen blickten eher stillvergnügt als trotzig revolutionär. Zwischen Kittelsaum und Boden ironisiert er die abendländische Kleider-ordnung: dunkle Hosen mit Nadelstreifen, dazu gelbe Socken und Wildlederschuhe. Solcherart aufgeputzt traten die beiden Studen-ten an, um ein autoritäres Ritual auf den Kopf zu stellen.

Einige wohlgezielte Jokes, die im Gerichtssaal explodierten wie Farbbeutel, ließen sie rasch zu den eigentlichen Vorsitzenden der Veranstaltung werden. Die Angeklagten verwandelten sich zu Anklägern, der Prozess geriet außer Kontrolle. Alles fing harmlos an. Der Vorsitzende Richter Walter Schwerdtner, damals 53 Jahre alt und damit Stellvertreter der Vätergeneration, begann die Ver-handlung mit der Vernehmung zur Person:

RICHTER SCHWERDTNER Herr Teufel, Sie haben nun Gelegenheit, in eigenen Worten Ihren Lebenslauf zu schildern und Ihren Werdegang darzustellen.

HERR TEUFEL Ich stehe heute zum vierten Mal in einem politischen Prozess vor Gericht. Mein Lebenslauf ist inzwischen sattsam bekannt, auch aus der ersten Inszenierung dieses Prozesses, der damals an der Unfähigkeit des Gerichts scheiterte.

STAATSANWALT TANKE Bitte, nehmen Sie zu Protokoll, der An-geklagte Teufel sagte, dass der erste Prozess an der Unfähigkeit des Gerichts scheiterte. Ich beantrage eine Ordnungsstrafe.

HERR TEUFEL ... und weil dieser Prozess an der Unfähigkeit des Gerichts scheiterte, halte ich es zur Aufklärung dieses komplizierten Sachverhalts für viel interessanter, wenn die Mitglieder der Staatsanwaltschaft und des Gerichts hier etwas sagen zu ihrem Lebenslauf und zu ihrem Werdegang. Ich glaube, die Öffentlichkeit hat einen Anspruch darauf. Zur Sache will ich mich von Fall zu Fall äußern.
RICHTER SCHWERDTNER Sie brauchen gar nichts zu sagen.
HERR TEUFEL So einfach will ich es Ihnen nicht machen.

Wenig später erwägt das Gericht, die Angeklagten einer psychiatrischen Untersuchung zu unterziehen. Sofort folgt der Konter:

HERR TEUFEL Ich stimme der Untersuchung zu, wenn die Mitglieder des Gerichts und der Herr Staatsanwalt sich ebenfalls psychiatrisch untersuchen lassen.

Daraufhin kommt es im Gerichtssaal zu Begeisterungsstürmen und zu tumultartigen Szenen, und der Vorsitzende Schwerdtner sieht sich genötigt, den Saal räumen zu lassen. Erst auf schriftliche Versicherung der Zuhörer, den weiteren Verlauf der Verhandlung nicht mehr zu stören, wird die Öffentlichkeit wiederhergestellt. Und gleich geht es weiter:

RICHTER SCHWERDTNER Meine Damen und Herren Zuhörer, wir haben Ihre Zusicherung zur Kenntnis genommen, ich bitte aber dringend, uns unsere Aufgabe nicht zu erschweren. Wir vertrauen darauf, dass Sie Ihre Zusicherung nicht brechen. Herr Teufel, Sie wollten eine Erklärung abgeben. Ich bitte Sie aber, sich von derartigen Dingen wie vorhin zu enthalten.
HERR TEUFEL Herr Langhans wollte etwas sagen.
HERR LANGHANS (*ironisch*) Ich kenne mich nicht aus, wieweit das erlaubt ist, aber ich möchte zunächst dem Antrag meines Freundes Fritz beistimmen und ihn folgendermaßen erweitern. Neben der psychiatrischen Untersuchung der Mitglieder des Gerichts, des Staats-

anwalts und der Angeklagten soll auch ein Intelligenztest von denselben angefertigt werden, dessen vollständige Ergebnisse ausführlich veröffentlicht werden müssen!

Das Gericht, in heller Panik, rennt heraus, kommt kurz darauf wieder herein und verurteilt Langhans zu einer Ordnungsstrafe. Seine Autorität jedoch war erheblich beschädigt, auch wenn man die Angeklagten später schuldig sprach. Für die Kulturrevolution der 68er war die Harlekinade im Berliner Gerichtssaal ein wichtiges Ereignis. Sie zeigte, wie leicht sich die bürgerliche Welt verunsichern ließ.

Was ist aus den Helden von damals geworden? Fritz Teufel arbeitet heute als Fahrradkurier in Berlin. Rainer Langhans wandte sich der Esoterik zu. Zugleich ist er Kyniker geblieben. Immer noch scheint ihn die Lust an der Provokation, am Stören festgefügter Ordnungen zu kitzeln. Wohl deshalb schwenkte er dreißig Jahre nach dem legendären Prozess, zum Entsetzen seiner alten Freunde, von der ultralinken zur ultrarechten Gesinnung. In einem Interview mit der *taz* gab er zu Protokoll: »Echte Spiritualität heißt heute Hitler.« Auch bei seinen Auftritten auf linken Nostalgieveranstaltungen, in denen die 68er gefeiert werden sollten, ließ er sich, zum Entsetzen der Gäste, ähnlich vernehmen. Zugleich gründete er einen Harem und erläuterte in Interviews, weshalb diese Form des Zusammenlebens für alle Beteiligten persönlich bereichernd sei. Ein Künstler des öffentlichen Ärgernisses, der weiß, wo bei seinem Publikum der Nerv sitzt.

Wie funktionieren Provokationen? Meist beruhen sie auf einer Umwertung der gewohnten Werte. Das Niedrige wird erhöht, wie der Hund auf dem Denkmal des Diogenes, und das Hohe erniedrigt. Es gilt, ein Gespür für das Geflecht der Verbote und Konventionen zu entwickeln, in denen wir uns bewegen. Das ist gar nicht so einfach, weil gerade das Selbstverständliche schwer zu fassen ist. Schlagfertigkeit und Mut sind notwendige Anlagen, die man mitbringen muss. Denn einer, der die stillschweigenden Übereinkünfte der anderen angreift, wird nicht selten ausgegrenzt und verfolgt.

Es ist heute nicht mehr so leicht wie früher, zu provozieren. Eine festgefügte Gesellschaft mit starrem Wertesystem lässt sich leichter stören als eine pluralistische. Wo jeder tun und lassen darf, was er will, wundert sich das Publikum über gar nichts mehr. Die Geste der Provokation nutzt sich ab, oder mehr noch, sie wird in Applaus erstickt – der Provokateur gerät zum Hofnarren einer Gesellschaft, die ihn als einen der ihren erkennt. Und doch hört man auch heute noch hin und wieder den seit Jahrtausenden bekannten Schrei der Entrüstung – und das zeigt, dass es auch in einer liberalen Gesellschaft möglich ist, *zu weit* zu gehen.

Spiel: Barfußlaufen

Wir ziehen an einem schönen Sommertag die Schuhe aus und laufen barfuß. Und zwar nicht bloß zu Hause, sondern auch mal draußen, auf der Straße, in der Fußgängerzone, in der Schule, in der Uni oder im Büro. Dabei stellt sich heraus, dass die wenigsten Wege sich fürs Barfußlaufen eignen – selbst viele Wanderpfade im Wald sind dank Rollsplitt wie Nadelbetten für die nackten Füße. Und dann der Muskelkater in den Waden und Fußgelenken! Es ist, als sei man zum ersten Mal wirklich gelaufen. Andererseits werden die Sohlen vitalisiert. Noch tagelang später spürt man die warmen Füße.

Auf die Mitmenschen wirkt ein Barfußläufer so ähnlich wie ein Nackter. Obwohl nackte Füße nichts Unanständiges sind, wirken

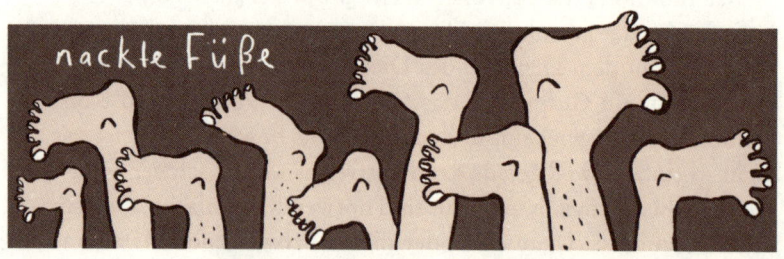
nackte Füße

sie doch irgendwie obszön. Welche Geschichten man da erleben kann, kann man auf der Website der Barfußläufer nachlesen (www.barfuss.org). Denn tatsächlich gibt es auch in Deutschland erstaunlich viele Leute, die nicht nur gelegentlich, sondern ständig barfuß laufen. Gesundheitlich ist das kein Problem, sagen die Barfußläufer. Man entwickle mit der Zeit ein Gespür für spitze Steine, Glas oder Nägel. Auch im Winter sei es unbedenklich, die Schuhe auszuziehen: Nur vom schnellen Gehen bei Kälte sei abzuraten, um die Bänder nicht zu gefährden. Die Toleranz gegenüber Barfußläufern scheint in verschiedenen Ländern unterschiedlich entwickelt zu sein. In Deutschland und Frankreich, so erzählt die Barfußläuferin Julia Fiona in ihrer Barfußbiographie (die auf der erwähnten Website einzusehen ist), sei sie nicht auf Schwierigkeiten gestoßen, wohl aber in den USA, wo sie oft aufgefordert worden sei, Schuhe anzuziehen. Als erfahrene Barfußläuferin wusste sie sich zu wehren: »Als ich im Frühjahr 2001 in Florida war, hatte ich eine unschöne Auseinandersetzung, die darin endete, dass ich die US-Verfassung (›Land of the Free ...‹) zitierte und darauf verwies, dass es kaum sein könne, dass sie das Tragen von Waffen erlaube, aber nicht das Nichttragen von Schuhen – ich wurde nicht weiter behelligt.«

Literatur

Über Diogenes von Sinope informiert sein Namensvetter Diogenes Laertius, und zwar in seinem Buch *Leben und Meinungen berühmter Philosophen*, welches etwa im 3. Jahrhundert nach Christus verfasst wurde. (Übersetzt und neu aufgelegt zum Beispiel bei Reclam, Leipzig 1997) Einige weitere Details liefert der § 20 im *Grundriß der Geschichte der Philosophie*, Band 2/1, Basel 1998. Zur Praktik der Provokation finden sich einige interessante Beispiele und Gedanken in Edward de Bonos *Denkschule*, Landsberg am Lech 1986, und in anderen Schriften de Bonos. Eine erhellende Theorie der Provokation formuliert Jürgen Frese, *Einspruch als Anfang im Philosophieren*, in: Vierteljahresschrift für wissenschaftliche Pädagogik, 2003, S. 166–183.

Honoré de Balzac

2. Fakten, Zitate und Wabuwabu

Wer mit Tatsachen kommt, kann Punkte machen. Es gibt an ihnen nichts zu deuteln, sie sind einfach *da*. So heißt es zumindest. Aber sind die Tatsachen tatsächlich so unveränderlich? Oder sind sie, wenn der Fachmann sie anfasst, nicht eher biegsam und plastisch?

Wer die Schlagzeilen und Berichte in verschiedenen Zeitungen vergleicht, ist oft erstaunt, wie vielfältig ein und derselbe Sachverhalt dargestellt werden kann. Und bereits dort, wo noch gar keine Interessen und Emotionen im Spiel sind, wo es um ganz neutrale Sinneseindrücke geht, gelangen unterschiedliche Leute oft zu sehr verschiedenen Ergebnissen.

Was könnte kürzer und prägnanter sein als ein Schuss? Und doch hört jeder Mensch ihn anders – und erzählt auch anders davon. Die Deutschen sagen peng!, die Amerikaner crack!, die Spanier pum!, die Engländer bang! Auch bei den Tierstimmen kann man eine erstaunliche Bandbreite feststellen. Wie bellt der Hund? Der Deutsche glaubt: wauwau!, der Engländer hört hingegen bow-wow!, der Amerikaner how-how!, der Franzose ouâ-ouâ! und die alten Griechen: αυ, αυ. Alle diese Wiedergaben weisen eine gewisse Ähnlichkeit auf, identisch sind sie aber nicht. Ganz arglos erzählen Menschen unterschiedlich von dem, was sie gehört haben. Wo ein Hintergedanke hinzukommt, da gehen die Versionen unter Umständen noch weiter auseinander.

Und Hintergedanken sind fast immer im Spiel, wenn Menschen anderen Menschen über Tatsachen berichten. »Things are not quite, what they seem« wusste auch Humphrey Bogart (1899–1957). Das Feststehende steht nur scheinbar fest. Meistens lässt es sich noch ein wenig zurechtrücken. Niemand verbietet einem, die Sachen so hinzustellen, wie es günstig erscheint. In aller Unschuld. Wie in dem folgenden alten Witz:

Ein Jesuit und ein Franziskaner sitzen im Zugabteil und lesen ihr Gebetsbrevier. Da holt der Jesuit eine Packung Zigaretten hervor.

FRANZISKANER Unmöglich, es ist doch verboten, beim Lesen der Schrift zu rauchen!

JESUIT Oh, ich habe mir eine Sondererlaubnis geholt.

Und zündet sich seine Zigarette an. Sein Gegenüber wird neugierig:

FRANZISKANER Könnte ich auch so eine Sondererlaubnis bekommen?

JESUIT Natürlich. Du musst nur bei deinem Abt vorsprechen.

Wenig später begegnen sich die beiden wieder.

FRANZISKANER Da habe ich mir ja eine ganz schöne Abfuhr geholt!

JESUIT Wieso, was ist denn passiert?

FRANZISKANER Ich habe genau das gemacht, was du gesagt hattest: Bin zum Abt gegangen und habe ihn gefragt, ob man beim Beten rauchen darf. Der Abt war empört!

JESUIT Ja, das hättest du anders machen müssen. Ich bin damals zu meinem Chef gegangen und habe ihn gefragt, ob man beim Rauchen beten darf. Da hat er mich gesegnet und begeistert ›Ja!‹ gesagt.

Beim Beten rauchen oder beim Rauchen beten – die beiden Varianten unterscheiden sich nur durch eine Nuance. Und doch ist es diese Nuance, die den Unterschied macht. Sie entscheidet über ›ja‹ oder ›nein‹. Ist es fromm, andere in dieser Weise zu täuschen? Eine eigentliche Lüge liegt ja nicht vor. Man gibt einer Sache nur eine gewisse Drehung. Und das ist erlaubt.

Kontraste und Vergleiche

Nicht nur durch die Auswahl dessen, was man sagt, kann man den Eindruck bestimmen, den die eigenen Fakten auf andere machen, sondern auch durch Vergleiche. Einerseits sind solche Vergleiche nützlich, wenn es darum geht, einen Sachverhalt einzuordnen. Zugleich öffnet sich durch die Auswahl der Basis immer die Möglichkeit, etwas so erscheinen zu lassen, wie es den eigenen

Zwecken günstig ist. Das ist der Grund, weshalb Verkäufer ungern über den Preis einer Ware sprechen, sondern lieber über das Preis-Leistungsverhältnis, das sich ausgestalten lässt. Aus einem teuren Ding wird so im Handumdrehen ein ›lohnender Kauf‹.

Immobilienmakler haben oft ein Objekt in ihrem Sortiment, das unschön ist und zudem weit überteuert. Ein hässliches Entlein sozusagen. Dieses Objekt soll gar nicht verkauft werden. Man benötigt es als Kontrast: Die Häuser, die man dem Kunden eigentlich verkaufen möchte, wirken reizvoller, wenn sie im Anschluss an das Kontrastobjekt vorgeführt werden. Denn das Schöne wirkt noch schöner, wenn es neben etwas Unschönem zur Geltung kommt. Und das Unschöne selbst wird akzeptabler, wenn man etwas noch Unschöneres danebenstellt.

Verkäufer sind wahre Künstler darin, Tatsachen durch Vergleiche und Kontraste abzuwandeln. Auch die Philosophen wissen seit alter Zeit, dass Fakten nur dann eingeordnet werden können, wenn sie mit anderen Fakten kontrastiert werden. Dabei geht es selten darum, andere dazu zu bewegen, dieses oder jenes zu kaufen. Vielmehr handelt es sich darum, dieses oder jenes in Kauf zu nehmen und sich damit abzufinden. In jahrhundertelanger Übung haben die Philosophen die Fähigkeit entwickelt, auch unangenehme Tatsachen so zurechtzulegen, dass sie nicht mehr ganz so schmerzlich wirken. Auf diese Weise kommt der *philosophische Trost* zustande. Er hat eine lange Tradition – von den Trostbriefen des Seneca (4 v. Chr.–65 n. Chr.) an seine Mutter bis hin zur *Theodizee* eines Leibniz (1646–1716).

Die Fähigkeit der Philosophen, sich und andere zu trösten, ist jedenfalls eindrucksvoll. Dabei werden Fakten keineswegs weggelogen – sie werden nur in neue Zusammenhänge gestellt. Und wer sagt, dass die gewöhnliche Darstellung der Fakten die einzig mögliche ist?

Im klassischen philosophischen Katalog der unangenehmen Themen steht seit alter Zeit an erster Stelle das Sterbenmüssen. Noch wichtiger für viele Philosophen ist aber ein ganz anderes

Übel: Nämlich das Pleitesein und das daraus folgende Schnorren-müssen. Zwei Themen, die eng zusammenhängen. Wie kann man sich das *Kein-Geld-Haben* etwas freundlicher gestalten? Ist es nicht eine nackte Tatsache, an der es nichts zu deuten gibt?

Die Alchemie der Philosophen bringt es sehr wohl fertig, Armut in Reichtum umzuwandeln – durch die Kraft des Gedankens. Sokrates meinte auf die Frage, wie man reich werden könne: »In-dem man arm wird an Wünschen.« Eine überraschende, aber zweifellos zutreffende Aussage. Sie lässt die Armut in einem neuen Licht erscheinen – indem sie nicht, wie üblich, auf die Abwesenheit von Geld reduziert wird, sondern in Verbindung gebracht wird mit den Wünschen und Bedürfnissen, die einer hat. Ein absolutes Datum wird auf diese Weise aufgelöst in eine Relation, und das eröffnet Gestaltungsmöglichkeiten.

Sokrates selbst hielt sich an seine Erkenntnis: Er lebte genügsam und hatte kein eigenes Vermögen – allerdings wohlhabende Freun-de, die ihn immer wieder zu festlichen Symposien einluden.

Die Kunst, ohne Geld zu leben, ist später immer weiter vervoll-kommnet worden. Honoré de Balzac (1799–1850) etwa, der fran-zösische Schriftsteller, hatte nicht nur kein Geld, er war sogar im Minus: Die meiste Zeit seines Lebens war er hochverschuldet. Das Faktum seiner enormen Verbindlichkeiten drückte ihn – und um sich zu trösten, schrieb er das unsterbliche Werk: *Die Kunst, seine Schulden zu zahlen und seine Gläubiger zu befriedigen, ohne auch nur einen Sou auszugeben.* Der Titel deutet es an: Es geht darum, mit Schulden zu leben, ohne ein schlechtes Gewissen zu haben. Man muss die ganze Sache nur im rechten Zusammenhang sehen! Balzac stellt weise fest: »Schulden machen bei Leuten, die selbst nicht genug haben, heißt die Verwirrung der Gesellschaft nur ver-größern, das Unglück vervielfältigen. Leuten aber, die zuviel haben, Geld schuldig sein, bedeutet das Gegenteil: für das Elend ein Gleichgewicht schaffen und seinen Teil zum sozialen Ausgleich beitragen.« Wenn man es so sieht, könnte man es geradezu zur Pflicht ausrufen, Schulden zu machen und diese anschließend nicht zurückzuzahlen. Offensichtlich kommt auch bei so ernsten Fragen wie jenen, die sich ums Geld drehen, alles darauf an, entschlossen die Konfiguration der Fakten neu zu gestalten – und auf diese Weise der Welt und der Wirklichkeit ein neues Gesicht zu verleihen. Ob die Interpretation dann auch von anderen geteilt wird, ist eine andere Frage.

Zitate

Eine besondere Art von Tatsachen sind die Worte, die ein anderer gesagt oder geschrieben hat. In vielen Diskussionen, zum Beispiel bei Familienstreitigkeiten, politischen Kampfdebatten, in Auseinandersetzungen im Feuilleton oder auch bei philosophischen Gesprächen ist diese Sorte von Tatsachen sogar von entscheidender Bedeutung. Was der andere gesagt, geflucht oder gemeint hat, wird dann zur Grundlage dessen, was ich meinerseits sage, fluche oder meine. Und genau da liegt die Crux:

HERR MEIER Was sind denn das für Kräuter?
FRAU MEIER Dir schmeckt wohl die Suppe nicht!
HERR MEIER Das habe ich nicht gesagt!
FRAU MEIER Du hast gesagt: ›Was sind denn *das* für Kräuter?‹
HERR MEIER Ich habe nur *ganz normal* nach den Kräutern gefragt.
FRAU MEIER Dir kann man eben nichts recht machen.
HERR MEIER Also ich glaube, ich muss bald ein Tonband mitlaufen
   lassen.

Sobald einer etwas sagt, empfinden andere das Bedürfnis, seine Aussage in ihrem Sinn zu verwenden. Hat der andere seine Worte aufgeschrieben, so kann man sie nachlesen und wörtlich zitieren. Ein objektives Verfahren, das durch die Erfindung der Fußnote*, welche die Fundstelle eines Zitats penibel nachweist, sogar noch objektiver geworden ist. In Texten stehen Zitate zwischen Anführungszeichen » ...«. Diese Gänsefüßchen sagen: Das, was wir einschließen, ist das, was *wirklich* gesagt wurde. Sie sind die Zeichen der Objektivität und beruhigen den kritischen Geist. Sie sollten ihn aber eher wachsam machen: Gerade da, wo Gänsefüßchen auftauchen, ist Aufmerksamkeit geboten: Gerade scheinbar objektive Zitate kann man leicht für die eigenen Zwecke verwenden, sogar, wenn man ganz wörtlich zitiert. Insbesondere kann man durch Kombination mit neuen Kontexten dafür sorgen, dass das Zitat einen neuartigen Sinn erhält. Und die Zitierten? Die wehren sich bisweilen gegen solche Praktiken. Im Folgenden einige typische Einwände, die immer wieder erhoben werden:

Der falsche Zusammenhang

Man zitiert den anderen, um ihn festzulegen, um ihm vorzuhalten, was er selbst gesagt hat. Doch der andere denkt nicht daran, sich so einfach erwischen zu lassen. Wenn er sich noch wehren kann, wird er entweder leugnen oder erklären, es sei ja alles aus dem Zusammenhang gerissen. Ein traditionsreicher Einwand. Wie alt er tatsächlich ist, zeigt ein Luther-Zitat. Luther (1483–1546) beklagt darin, in mittelalterlichem Starkdeutsch, das Vorgehen seines Kontrahenten Hieronymus Emser (1478–1527): »zwackt erauß meyne wort, wo es yhn dunckt, schmiert dran seynen gifft, lessit stehen was vorgehet und folget.«

---

* Fußnoten dienen nicht nur dem Quellennachweis. Durch das Zitieren bedeutender Werke zeigt man, dass man auf der Höhe ist, und dass der, der nicht alles das, was zitiert wird, gelesen hat, gar nicht erst versuchen soll, mitzureden. Dies wurde schon im Mittelalter von dem Exmönch und Skandalschriftsteller François Rabelais (1594–1553) auf die Schippe genommen, der im 18. Kapitel des 2. Buches von *Gargantua und Pantagruel* zwei Philosophen auftreten lässt, die so übermäßig gebildet sind, dass sie sich nur in andeutenden Gebärden unterhalten. Obwohl die Diskussion ohne ein einziges lautes Wort geführt wird, eskaliert sie sofort und endet in wüsten, obszönen Gebärden – ähnlich wie auch in wissenschaftlichen Werken oft gerade in den kleingedruckten Anmerkungen heftige Kämpfe ausgetragen werden. Vgl. dazu Anthony Grafton, *Die tragischen Ursprünge der deutschen Fußnote*, Berlin 1992.

Damals war die Fußnote noch nicht erfunden, und wer aus den Schriften eines anderen zitierte, begnügte sich mit vagen Hinweisen. Heute ist man angehalten, mit genauer Quellenangabe wiederzugeben, was der andere gesagt hat. Ist dem verzerrenden Zitat damit Einhalt geboten?

Mitnichten. Wie munter man auch heute noch aus dem, was der andere gesagt hat, genau das heraushören kann, was einem selbst am besten in den Kram passt, lässt sich an einem geradezu lehrbuchhaften Fallbeispiel ablesen. Es geht um die Streitigkeiten, welche der Roman *Tod eines Kritikers* von Martin Walser ausgelöst hat.

Dieser Roman beschreibt einige Tage im Leben eines Schriftstellers mit dem etwas sonderbaren Namen Hans Lach. Der legt sich mit dem mächtigen Kritiker André Ehrl-König an – und wird wenig später, als Ehrl-König spurlos verschwindet, des Mordes verdächtigt.

Eigentlich sollte der Roman in der F.A.Z. vorabgedruckt werden, wie zahlreiche andere Walser-Romane auch, aber der F.A.Z.-Herausgeber Frank Schirrmacher, der 1998 anlässlich der Verleihung des Friedenspreises des Deutschen Buchhandels an Martin Walser noch eine große Lobrede auf den Schriftsteller gehalten hatte, erklärt nun in einem offenen Brief: *Lieber Martin Walser, Ihr Buch werden wir nicht drucken.* Und kommt in dem darauf folgenden Artikel zu dem Ergebnis, das Buch sei eine »Exekution«, eine Abrechnung mit dem Kritiker Marcel Reich-Ranicki, der in dem Buch als André Ehrl-König auftauche. Insbesondere sei das Buch in skandalöser Weise antisemitisch, denn es gehe nicht um den Mord an einem Kritiker, sondern um den Mord an einem Juden.

Dabei spielt ein Zitat aus dem Roman eine gewichtige Rolle als Beweisstück. Schirrmacher schreibt: »Wie kamen Sie auf die Idee, Ihren Verdächtigen dadurch besonders verdächtig zu machen, daß der in höchster Wut dem Starkritiker in Hitler-Sprache droht, ›ab 0.00 wird zurückgeschlagen‹?« Man erinnert sich dunkel an die deutsche Kriegserklärung gegen Polen, mit der der zweite Weltkrieg begann. Diese wurde am 1. September 1939 ausgesprochen und lautete: »Seit 5.45 Uhr wird jetzt zurückgeschossen.« Frank Schirrmacher benutzt nun dieses Romanfragment als Steigbügel für seine Attacke auf Walser. Er schreibt:

»Als Adolf Hitler seine Kriegserklärung gegen Polen formulierte, die Sie in Ihrem Roman so irrwitzig parodieren, war dies auch eine Kriegserklärung an den damals in Polen lebenden Marcel Reich und seine Familie. Nicht viele europäische Juden haben diesen Satz von Adolf Hitler überlebt. ›Darunter‹, um Sie zu zitieren, noch weniger aus dem Warschauer Ghetto. Und noch mal viel, viel weniger haben den Aufstand im Warschauer Ghetto überlebt. Und noch viel weniger konnten dann in einem Kellerloch in Polen überdauern. Und von all denen, die das überlebt haben, gibt es nur noch einen Bruchteil eines Bruchteils, der heute noch lebt. Zwei davon, lebend also wider jede Wahrscheinlichkeit, sind der heute zweiundachtzigjährige Marcel Reich-Ranicki und seine Frau Teofila. Verstehen Sie, daß wir keinen Roman drucken werden, der damit spielt, daß dieser Mord fiktiv nachgeholt wird?«

Man spürt die Schärfe des Angriffs, welchen die F.A.Z. hier, auf der Grundlage nur eines Zitats, gegen Martin Walser führen will. Sofort nach dem Artikel begann eine Debatte: Ist Martin Walser Antisemit oder nicht? Gegenattacken wurden geritten, weitere belastende Indizien entdeckt, Entlastungszeugen aufgeboten.

Es ist unnötig, in diesem Streit Partei zu ergreifen – wohl aber ist es in unserem Zusammenhang nützlich, einen Blick auf das Originalzitat zu werfen und zu betrachten, wie es von Frank Schirrmacher verwendet wurde.

In Walsers Roman taucht der Ausspruch nicht unmittelbar auf. Der Erzähler berichtet vielmehr, dass er ihn gelesen habe. Und zwar ausgerechnet in einem in dem Buch auftauchenden, natürlich erfundenen F.A.Z.-Artikel. In diesem wird über einen skandalösen Auftritt des betrunkenen Schriftstellers Hans Lach berichtet. Dieser sei, nachdem sein neuestes Buch *Mädchen ohne Zehennägel* durch André Ehrl-König in dessen Fernseh-Show *Sprechstunde* unsanft behandelt worden war, tätlich geworden und habe Ehrl-König angepöbelt. Der Ich-Erzähler berichtet:

»Da [in der Frankfurter Allgemeinen] las ich nun, [...] Hans Lach habe offenbar sofort gegen André Ehrl-König tätlich werden wollen. Als ihn zwei Butler hinausbeförderten, habe er ausgerufen: Die Zeit des Hinnehmens ist vorbei. Herr Ehrl-König möge sich vorsehen. Ab heute nacht null Uhr wird zurückgeschlagen. Diese Ausdrucksweise habe unter den Gästen, die samt und sonders mit Literatur und Medien und Politik zu tun hätten, mehr als Befremden, eigentlich schon Bestürzung und Abscheu ausgelöst, schließlich sei allgemein bekannt, daß André Ehrl-König zu seinen Vorfahren auch Juden zähle, darunter auch Opfer des Holocaust.«

So weit der Originaltext. Am ursprünglichen Fundort ist das Zitat also viel weniger aggressiv, als es, im Dienste der Empörung, bei Frank Schirrmacher zurechtgerückt wird. Es wirkt eher grotesk, wie ja auch der Name des Schriftstellers und der Titel seines Romans bizarr wirken. Entsprechend haben auch diejenigen, die Walser gegen den Vorwurf des Antisemitismus in Schutz nahmen, kritisiert, dass das Zitat bei Schirrmacher präpariert worden sei. Von Seiten der F.A.Z. war dazu später zu lesen, es sei doch klar, dass Walser seine Aussagen mit einem doppelten Boden versehe, um sich eine Rückzugsposition offenzuhalten.

Der verwirrte Leser wird an dieser Stelle gern aus der Debatte aussteigen. Er mag sich am Ende an eine Weisheit aus dem Roman erinnert fühlen: »Es gibt keine Tatsachen«, so steht dort irgendwo, »sondern nur Versionen.«

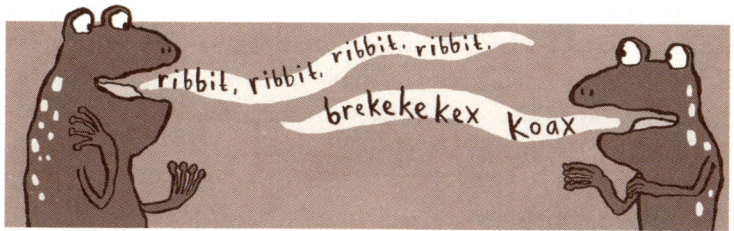

Das ewige Missverständnis

Die Verwendung der eigenen Äußerungen durch andere ist bisweilen so ärgerlich, dass man radikale Gegenmaßnahmen einleiten muss. Bei Kindern und Spitzenpolitikern besonders beliebt ist dabei die Behauptung: ›Habe ich überhaupt nicht gesagt!‹ Wenn dies nicht verfängt, kann man sich immer noch zurückziehen auf ein: ›Daran kann ich mich nicht erinnern.‹ Und wenn auch dieses nicht zieht, so bleibt wenigstens noch: ›Das ist ein Missverständnis!‹

Mit dem Missverständnis argumentieren besonders die Philosophen gern. So gern, dass Heinrich Heine (1797-1856) feststellte, die Philosophen fühlten sich offenbar dauernd missverstanden. In seiner Schrift *Zur Geschichte der Religion und Philosophie in Deutschland* schreibt er: »Als Reinhold mit ihm gleicher Meinung war, erklärte Fichte, daß ihn niemand besser verstehe wie Reinhold. Als dieser aber später von ihm abwich, erklärte Fichte: er habe ihn nie verstanden. Als er mit Kant differenzierte, ließ er drucken: Kant verstehe sich selber nicht. Ich berühre hier überhaupt die komische Seite unserer Philosophen. Sie klagen beständig über Nichtverstandenwerden. Als Hegel auf dem Totenbette lag, sagte er: ›nur Einer hat mich verstanden‹, aber gleich darauf fügte er verdrießlich hinzu: ›und der hat mich auch nicht verstanden‹.«

Verdrehungen

Es ist so eine Sache mit dem Verstandenwerden. Auch bei fast wörtlichen Zitaten lässt sich durch feine Änderungen oft ein gänzlich neuer Sinn hervorzuzaubern. Jürgen Habermas, der streitbare Frankfurter Philosoph, ist ein Meister dieser Technik. Er wandte sie an, um im sogenannten Historikerstreit in den Schriften des bis dahin sehr angesehenen Geschichtswissenschaftlers Andreas Hillgruber faschistisches Gedankengut ›nachzuweisen‹.

Dabei spielen Zitate eine wichtige Rolle. Sie sollen ›Tendenzen‹ bei Hillgruber belegen, höchst bedenkliche Tendenzen natürlich. Die Änderungen, die Habermas an den Originalen anbringt, sind minimal, haben aber gleichwohl beträchtliche Wirkung. Man erkennt den Eingriff erst durch wortwörtlichen Vergleich mit dem Original.

Worum geht es? Hillgruber hatte in einem Buch mit dem Titel *Zweierlei Untergang* über die letzten Tage des nationalsozialistischen Deutschland geschrieben. In dem Text findet sich unter anderem folgende Stelle: »Von den Hoheitsträgern der NSDAP bewährten sich manche in der Not von letzter verzweifelter Verteidigung, von Zusammenbruch und Flucht, andere versagten zum Teil in erbärmlicher Weise.« Ein harmloses Zitat, könnte man denken. Jedoch nicht, wenn ein erfahrener Intellektueller es sich vornimmt! Dann verwandelt es sich im Handumdrehen in ein belastendes Indiz. Habermas nimmt in seiner Polemik an dem Zitat eine feine Veränderung vor, die dazu führt, dass Hillgruber schließlich wie ein Nazi-Sympathisant erscheint: »Hillgruber«, schreibt Habermas, »geht es um eine Darstellung des Geschehens aus der Sicht der tapferen Soldaten, der verzweifelten Zivilbevölkerung, auch der ›bewährten‹ Hoheitsträger der NSDAP.«

Das einzige wörtliche Zitat in diesem Satz ist das Wörtchen »bewährten«. Mehr ist bei Habermas nicht übriggeblieben von dem ursprünglichen Hillgruber-Text. Wenn man genau hinsieht, erkennt man eine kleine, aber entscheidende Veränderung. Unter der Hand hat Habermas aus dem Verb »sich bewähren« das Adjektiv »(die) ›bewährten‹ Hoheitsträger« gemacht. Während das Zitat im Original nur die Interpretation zulässt: Einige NSDAP-»Hoheitsträger« haben sich in den Wochen des Zusammenbruchs bewährt (z.B. durch Befehlsverweigerung), gestattet das präparierte Zitat von Habermas auch die Interpretation, Hillgruber habe alle Funktionäre der NSDAP *per se* für ›bewährte Leute‹ angesehen. Da die Veränderungen, die Habermas an diesem und an anderen Zitaten vornahm, nur minimal waren, erschienen die Verteidigungen Hillgrubers als pedantisch. Darin liegt die Feinheit dieser Technik.

Wabuwabu

Solange wörtlich zitiert wird, kann zumindest der Schein der Objektivität gewahrt bleiben. Sobald man aber nur zusammenfasst, geht die Werktreue oft vollständig verloren. Jedenfalls dann, wenn der Zusammenfasser mit dem, was er zusammenfasst, nicht einverstanden ist.

Durch Verstärkung gewisser Züge und Auslassung anderer wird dann, ähnlich wie bei einer Karikatur, der Eindruck von Lächerlichkeit erzeugt. Diese Praktik könnte man *Wabuwabu* nennen. Das Wort entstammt der Sprache des afrikanischen Dobu-Volkes, wo es die ›Anwendung harter Praktiken‹ bedeutet. Und eine harte Praktik ist die böswillige Zusammenfassung durchaus. Hier ein Beispiel aus der Feder Voltaires (1694–1778). Gott, so schreibt er in seiner Zu-

sammenfassung der christlichen Lehre, »erschuf die Welt und ertränkte sie dann, nicht, um ein reineres Geschlecht hervorzubringen, sondern um sie mit Räubern und Tyrannen zu bevölkern. Und nachdem er die Väter ertränkt hatte, starb er für deren Kinder, allerdings ohne Erfolg, und bestrafte hundert Völker wegen der Unwissenheit über seinen Kreuzestod, in der er sie doch selber gehalten hatte«. Der Eindruck von Absurdität wird hier zum einen durch Kontrastierung der göttlichen Taten mit den eigentlich erwarteten, sinnvollen Handlungen erzeugt: »... nicht, um ein reineres Geschlecht hervorzubringen, sondern um sie mit Räubern und Tyrannen zu bevölkern.« Zum anderen spitzt Voltaire die chaotischen Stimmungsumschwünge des göttlichen Wesens zu, das zuerst die Väter ertränkt, und dann für die Söhne stirbt. In der Bibel, die Voltaire hier mit wenigen Worten zusammenfasst, wirkt das ganze Geschehen motivierter, weil dort einige Zwischenglieder, die von einer Handlung zur nächsten führen, miterzählt werden. Voltaire lässt sie weg und erzeugt so den Eindruck eines irrationalen Durcheinanders.

Oft spielen *Bilder* in karikierenden Texten eine Schlüsselrolle. Durch Gleichsetzung mit etwas Lächerlichem soll bewirkt werden, dass die Lehre oder Meinung, die man ›referiert‹, in ein schiefes Licht gerät. So versucht der Philosoph Hermann Schmitz, die psychoanalytische Traumtheorie mit folgender Karikatur zu entwerten: »Freud scheint sich die Seele wie eine rund um die Uhr arbeitende Verwaltungsbehörde vorzustellen, in der die Nachtschicht nach etwas anderem Dienstplan, aber mit derselben Organisation wie die Tagschicht Eingänge gleicher Art (Sinnes- und Körperempfindungsreize) ... bearbeitet.« Durch das Wort »scheint« wird der Eindruck erweckt, als sei das, was Freud denkt, so eigentümlich, dass Schmitz nicht die volle Verantwortung dafür übernehmen kann. Zu *Wabuwabu* aber wird diese Zusammenfassung erst durch den abwertenden Vergleich: Eine langweilige Verwaltungsbehörde charakterisiert die Theorie des Sigmund Freud.

Es versteht sich von selbst, dass *Wabuwabu* nicht immer beiträgt zum sachlichen Meinungsaustausch. Gelegentlich werden auf diese Art und Weise Strohmänner aufgebaut, auf die man dann beliebig eindreschen kann. Bisweilen können gute Karikaturen aber auch eine Diskussion beflügeln und ihr neue Würze geben. Es kommt auf den Einzelfall an.

Literatur

Die Stimmen der Tiere und wie sie in den verschiedenen Weltsprachen imitiert werden, findet man unter: www.georgetown.edu/faculty/ballc/animals. Über die Empfehlungen der alten Rhetoriker hinsichtlich der Art und Weise, Sachverhalte darzustellen, informiert der Artikel *Bericht* im *Historischen Wörterbuch der Rhetorik*, Bd. 1, Tübingen 1992. Zu der Kunst der Philosophen, sich mit Übeln abzufinden, informiert der Artikel *Consolatio* in demselben Lexikon (Bd. 2, Tübingen 1994). Wie die Kunst, Fakten ›hinzustellen‹ von Verkäufern gehandhabt wird, zeigt Robert B. Cialdini in seinem Buch *Einfluß – Wie und warum Menschen sich überzeugen lassen*, Landsberg 1987, Kap. 1. Über den Historikerstreit und über die Beweisverfahren des Jürgen Habermas informiert Imanuel Geiss, *Die Habermas-Kontroverse: Ein deutscher Streit*, Berlin 1988.

Johann Caspar Lavater

3. Indizien

Was man unmittelbar hören oder sehen kann, das scheint gesichert. Doch oft muss man sich auch eine Meinung über Dinge bilden, die nicht oder nicht mehr direkt vor Augen liegen. In solchen Fällen benötigt man Indizien. Viele Fragen können grundsätzlich nur indirekt untersucht werden, weil Fakten nicht greifbar sind. Dazu zählen zum Beispiel Fragen nach der Vergangenheit, nach dem Wetter von morgen oder auch, welche Stimmung an der Börse herrscht.

Das Deuten von Indizien ist eine wichtige und verbreitete Praktik. Schon Kinder lieben es, aus abgeknickten Ästen oder aus Bremsspuren auf der Straße Schlüsse zu ziehen und sich Geschichten dazu auszudenken. Für Jäger und Kriminalisten gehört Spurenlesen zum Handwerk. Doch es ist leicht, dabei auf Abwege zu geraten.

Beweise für die Sintflut

Eine Geschichte als Beispiel. Sie handelt von einem Skelett und von Johann Jakob Scheuchzer (1672–1733), einem Züricher Arzt und Naturforscher. Dieser glaubte, er habe Beweise entdeckt, die zeigen, dass die Sintflut, von der in der Bibel die Rede ist, tatsächlich stattgefunden habe. Auf seinen Wanderungen in den Bergen hatte er nämlich Abdrücke von Fischen, Muscheln und Pflanzen entdeckt, gelegentlich sogar versteinertes Holz. Scheuchzer meinte nicht anders, als dass er Überreste von Lebewesen vor sich habe, die während der Sintflut versunken und anschließend im Laufe der Zeit versteinert waren.

Im Jahr 1723 veröffentlichte er daraufhin sein *Herbarium Diluvianum*, das Herbarium der Sintflut, in dem er seine Funde der staunenden Öffentlichkeit darlegte. Da er auch versteinerte

Weidenkätzchen gefunden hatte, traute er sich zu, sogar den Monat der Sintflut genau bestimmen zu können.

Doch sein wichtigster Fund hatte eine solche philosophische, theologische und sittliche Tragweite, dass er ihn im angesehensten Wissenschaftsmagazin seiner Zeit veröffentlichte – nämlich in den *Philosophical Transactions of The Royal Society*. Später ließ er auch ein Flugblatt drucken, um seine Mitbürger aufzuklären. Was er entdeckt hatte, war nichts anderes als das »Beingerüst eines verruchten Menschenkindes, um dessen Sünde willen das Unglück über die Welt hereingebrochen« sei. Dieses Skelett hatte Scheuchzer am Bodensee entdeckt, und zwar in einem Steinbruch bei Öhningen (Kreis Konstanz), ganz plattgedrückt und festgebacken in einem Stein. Eine Sensation – denn bislang hatte Scheuchzer zwar allerhand versteinerte »Pflanzen / Fische / vierfüssige Thiere / Ungeziefer / Muscheln / Schnecken« gefunden, doch niemals fossile Überreste von Menschen. Mit seinen Zeitgenossen hatte er sich diesen Umstand so erklärt, dass die Menschen wohl nach der Sintflut auf der Wasseroberfläche getrieben und allmählich verfault seien, so dass man keine Spuren mehr von ihnen finden konnte. Nun aber, so meinte er, habe man nicht nur einzelne Spuren, sondern gleich ein komplettes Skelett. Der Beweis für die Sintflut war erbracht! Die Bibel hat doch recht. Und der fromme Scheuchzer unterzeichnete seine Entdeckung mit genauer Jahresangabe: »Im Jahr nach der Sündfluth MMMMXXXII« (= 4032). Scheuchzers Fund beeindruckte seine Zeitgenossen sehr. Erst 1811 stellte sich heraus, was Johann Scheuchzer im Steinbruch wirklich gefunden hatte: Der Wissenschaftler und Anatom Georges Cuvier (1769–1832) hatte den Fund untersucht und erklärte, dass es sich um die sterblichen Überreste eines Riesensalamanders handele. Für die Freunde der Sintfluttheorie war dies natürlich ein Schock. Zumal die Behauptung reichlich kühn war, denn die in Europa lebenden Salamander werden höchstens 30 Zentimeter lang – das Skelett, das Cuvier untersuchte, hingegen maß 1 Meter 35. Doch Cuvier war bei seiner Spurendeutung systematisch vorgegangen, und es bestand wenig Zweifel, dass er das Richtige getroffen hatte. Einerseits hatte er das Fossil besser präpariert als Scheuchzer – und andererseits hatte er das »Bein=Gerüst« mit Skeletten bekannter Tiere verglichen.

So wurde aus dem »verruchten Menschenkind« eine Amphibie. Es war ein Beweis für die Korrektheit der neuen Theorie, als im Jahr 1829 ein lebender Riesensalamander auftauchte: Er war in Japan gefangen und nach Europa gebracht worden. So weit das Beispiel. Welche Schlüsse kann man daraus ziehen – im Hinblick auf die Kunst des Spurenlesens?

1. Es gibt meist mehrere Möglichkeiten, Indizien zu lesen. Man sollte sich daher nie mit dem ersten Einfall zufriedengeben, auch wenn er noch so plausibel daherkommt. Diese Regel wurde von Cuvier angewandt, der die Knochen auf eine neue Weise sah und in Betracht zog, dass es sich möglicherweise nicht um einen Menschen, sondern um ein Tier handeln könnte.

2. Es gibt immer mehr Indizien, als es zunächst scheint. Und je mehr Indizien, desto sicherer der Schluss. Cuvier hatte nicht nur eine neue Hypothese – er hatte auch, um sie zu überprüfen, nach neuen Spuren gesucht. So hatte er sich nicht mit dem Anblick zufriedengegeben, den ihm der zufällige Bruch geboten hatte. Anders als Scheuchzer hatte er durch aufwendige Präparation weitere Knochen freigelegt – was ihm die Bestimmung des Skelettes erleichterte.

Doch auch Scheuchzer hatte etwas Wichtiges erkannt. Für viele seiner Zeitgenossen waren Fossilien nichts anderes als zufällige, bedeutungslose Gesteinsformationen, hervorgerufen durch »Wir-

Riesensalamander

1,35 m

bel im Urschlamm«. Wo andere nur merkwürdige »Naturspiele« erkannten, da erblickte er Zeichen früherer Zeiten, die es aufzuklären galt. Das führt zum nächsten Punkt:

3. *Ein Indiz findet sich nur dann, wenn ein Beobachter danach sucht.* Jede Interpretation ist durch Wissen und Kenntnis motiviert. Je mehr man weiß, desto zuverlässiger kann man Indizien deuten. So ist es etwa für jemanden, der nicht auf Steine achtet, naheliegend, zu denken, dass bestimmte Abdrücke, die ihm jemand zeigt, zufällig sind. Nur wer sich intensiv mit Gesteinen befasst, erkennt, dass manche Strukturen nicht als Zufallsprodukte angesehen werden können.

4. *Wer Indizien liest, braucht Wissen über kausale Zusammenhänge.* Aus dieser Regel ergibt sich, dass Indizienschlüsse umso sicherer werden, je sicherer das Wissen über Kausalzusammenhänge ist, über das man verfügt. Deshalb ist es kein Zufall, dass im Rechtswesen der Indizienbeweis seit dem 18. Jahrhundert immer wichtiger wurde und schließlich sogar das Geständnis überflüssig machte: Die aufsteigenden Naturwissenschaften gestatteten eine immer zuverlässigere Aufklärung auch der geringfügigsten Spuren. Sind die Indizien gesichert, so kann der Detektiv oder auch der Kommissar erschließen, was sich zugetragen hat.

5. *Wer Indizien liest, muss Geschichten erzählen.* Denn jedes Indiz ist etwas Besonderes. Es hat sich aus anderen Besonderheiten ergeben: Erst passierte dies – und dann das. Erst im Kontext des Ganzen gewinnen die Einzelheiten Sinn und erhalten einen Stellenwert. Es ist eine Kunst, vereinzelte Indizien so zu verbinden, dass eine Geschichte daraus wird. Schon Aristoteles hat die Bedeutung dieser Kunst im Zusammenhang seiner Logik gewürdigt. Nach ihm geht es dabei darum, einen Mittelbegriff zu finden, der einzelne Beobachtungen verbindet. Dazu muss man in der Lage sein, Dinge zusammen zu sehen, die auf den ersten Blick getrennt scheinen.

6. *Gerade das Unscheinbare birgt oft interessante Indizien.* Manche Wissenschaftler haben diese Regel zum erkenntnisleiten-

den Prinzip gemacht: Der italienische Kunsthistoriker Giovanni Morelli (1816–1891) studierte unscheinbare Details in Gemälden alter Meister – zum Beispiel die Ohren –, weil er meinte, dass sich das Können eines großen Künstlers gerade in solchen Kleinigkeiten zeige, während Fälscher und Kopisten ihnen gewöhnlich weniger Aufmerksamkeit zuwenden als den zentralen Partien eines Bildes. Aufgrund solcher Beobachtungen konnte Morelli manche Bilder neu zuordnen. Sigmund Freud (1856–1939), der mit den Schriften Morellis vertraut war, erklärte unscheinbare Alltagsphänomene für besonders aussagekräftig und befasste sich daher eingehend mit Fehlhandlungen und mit Träumen, um auf diese Weise dem Unbewussten auf die Sprünge zu kommen. Auch bei der Aufklärung von Verbrechen spielt das Unscheinbare eine gewisse Rolle – weil es naturgemäß dasjenige ist, was der Aufmerksamkeit des Täters entgangen ist.

So viel zu den Zeichen der Vergangenheit. Außer diesen gibt es noch zwei weitere Sorten von Indizien: Die Indizien gegenwärtiger Zustände, auch Symptome genannt, und die vorausdeutenden Indizien, die auf die Zukunft hindeuten.

Schöne Leute – schlaue Leute?

Freude, Ärger oder Wut, das Alter eines Menschen oder sein Geschlecht, ob er sich wohl fühlt oder nicht – über alles das klärt ein kurzer Blick ins Antlitz des anderen auf. Es ist deshalb naheliegend, sich zu fragen, ob man, wenn man genauer hinsieht, nicht *noch mehr* erkennen kann. Wie steht es mit dem Charakter, der Bildung oder der Zuverlässigkeit einer Person? Gäbe es auch dafür eindeutige Zeichen, die man am Äußeren ablesen könnte, so hätte dies natürlich viele Vorteile. Man könnte den Leuten ansehen, wie sie *wirklich* sind und sich auf diese Weise manche Enttäuschung ersparen. Der schweizer Pfarrer Johann Caspar Lavater (1741–1801) war zuversichtlich, dass er ein Verfahren gefunden habe, welches genau dies zu leisten versprach. Er meinte, anhand von kleinen, unscheinbaren Merkmalen das Innerste eines Menschen enthüllen zu können. Damit wurde er zum Vater der *Physiognomik*, die es sich zutraut, den Charakter aus äußeren Merkmalen ableiten zu können. Immerhin überzeugte Lavater zu seiner Zeit eine breite Leserschaft – zu der sogar Goethe zählte, der von der Physiognomik so begeistert war, dass er zu einigen Veröffentlichungen Lavaters Texte beisteuerte.

Hier eine Probe aus den sogenannten Geheimregeln Lavaters (*Hundert physiognomischen Regeln* von 1789). Sie betreffen die Stirnregion und was sich so alles daraus erschließen lasse. Ein Intelligenztest, der nicht viel Zeit benötigt – ein Blick genügt:

1. »Es giebt an sehr verständigen, angenehmen Menschen, Warzen an der Stirn, die nicht sehr groß sind, zwischen den Augbraunen, die nichts widriges, nichts fatales zeigen – Aber, eine starke, braune Warze an der Oberlippe, besonders, wenn sie beborstet ist, werdet ihr an keinem Menschen finden, dem nicht irgend etwas Wesentliches zur Ganzheit mangelt, der sich nicht wenigstens durch einen Capital-Fehler auszeichnet.

2. Längliche Stirnen, mit scharf-angezogner, Faltenloser Stirnhaut, wo auch bey seltener Freude keine lieblich-lebendige Falte sich äußert, sind kalt, hämisch, bitter, eigensinnig, überlästig, prätentios (selbstgefällig), kriechend und können wenig vergeben.

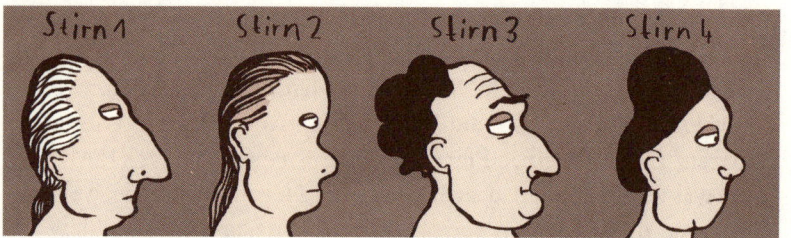

3. Stark vorgebogne, oben sehr zurückliegende Stirnen, mit bogi- gen Nasen, und länglichtem Untertheile des Gesichtes – schwin- deln immer an der Narrheit Abgrunde.

4. Jede oben vorwärts sinkende, unten gegen das Auge eingehende Stirn, an einem ausgewachsenen Menschen, ist ein sicheres Zeichen unheilbarer Imbezilität (Dummheit).

5. Wie weniger Buchten, Wölbungen, Vertiefungen, wie mehr ein- fache Flächen ... an einer Stirn wahrzunehmen sind, desto gemei- ner, mittelmäßiger, Ideenärmer, Erfindungsunfähiger ist die Stirn.

6. Es giebt schön-gewölbte Stirnen, die beynahe groß und genia- lisch scheinen, und dennoch beynahe närrisch, und nur halb klug sind; ... an der Wildheit und Verworrenheit der Augbraunen ent- deckt man ihre Klugheits Aefferey.

7. Schiefe Falten in der Stirn, besonders wenn sie ungefehr parallel sind, oder scheinen, sind sicherlich ein Zeichen eines armseligen, schiefen, argwöhnischen Kopfes.

8. Parallele, reglierte (gerade ausgerichtete), nicht gar zu tiefe Stirnfalten, oder parallel gebrochne, findet ihr selten anderswo, als bey sehr verständigen, weisen, redlichen und geradsinnigen Men- schen.«

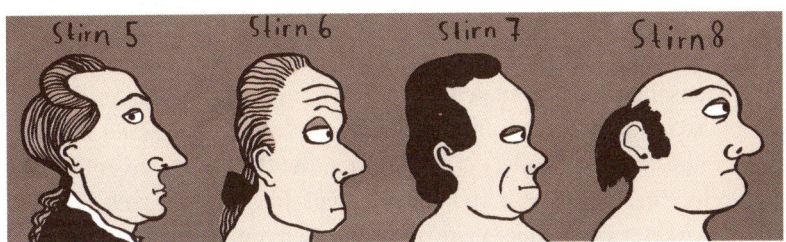

Das Prinzip dieser Regeln ist offensichtlich. Symmetrische Formen erscheinen vertrauenswürdig. Wo sich dagegen irgendeine Asymmetrie einschleicht, seien das nun schiefe Falten oder Warzen, da ist laut Lavater Vorsicht angebracht. Jede Abweichung, jede Asymmetrie weist auf einen Defekt hin. Mit anderen Worten: Wer gut aussieht, ist auch klug, gut und nett. Immerhin waren Lavaters Bücher zu seiner Zeit Bestseller. Und heute noch wird in den Personalabteilungen mancher Unternehmen in den USA oder in Asien der Gesichtseindruck der Bewerber durch ›erfahrene Physiognomen‹ begutachtet.

Betrachtet man allerdings die Gesichter berühmter Gelehrter, so kann man auch seine Zweifel bekommen. Von Gottfried Wilhelm Leibniz schrieb ein Zeitgenosse, dieser habe frühzeitig eine »kahle Platte« und »mitten auf dem Wirbel ein Gewächs von der Größe eines Taubeneis« gehabt. Das Gesicht Hegels wurde von seinem Konkurrenten Schopenhauer als »Bierwirtsphysiognomie« bezeichnet. Martin Heidegger wurde nicht selten für ein braves, einfältiges Schwarzwaldbäuerlein gehalten, Jean-Paul Sartre schielte, und auch Albert Einstein wirkt auf den bekannten Fotos kaum besonders schlau, sondern eher wie ein freundlicher, leicht verwirrter Opa.

Tatsächlich haben schon Lavaters Zeitgenossen Anstoß an seiner Methode genommen. Der Physiker Christoph Lichtenberg (1742–1799) schrieb mehrere Streitschriften gegen die Physiognomik. Dabei stellte er vor allem die Eindeutigkeit der Indizien in Frage, aus denen Lavater Schlüsse zog. Denn unreine Haut oder Warzen im Gesicht können auf viele Ursachen hindeuten. Unzählige Faktoren, so Lichtenberg, bilden mit am Äußeren, wie etwa die Ernährung, das Klima, Krankheiten und so weiter. Zudem können Menschen sich verstellen, was die Deutungsarbeit zusätzlich erschwert. Gesichter sind keine Straßenschilder. Bei diesen existiert ein bestimmter Code, der es gestattet, die Bedeutung zu entschlüsseln. Ein solcher fehlt im Falle des menschlichen Antlitzes. Um den Charakter eines Menschen zu erschließen, müsse man, so Lichtenberg, nicht nur einzelne, sondern mehrere Indizien in Betracht ziehen, darunter auch die *Taten* eines Menschen, denn in denen gibt sich der Mensch zuverlässiger zu erkennen als in seinem Äußeren. Natürlich wurden Lichtenbergs Schriften im Lager der Physiognomen nicht gerade begeistert aufgenommen, und als Lichtenberg dann noch seine Satire zur *Physiognomik der Schwänze* (die ich im Kapitel über Parodien vorstelle) erscheinen ließ, war das Maß voll. Die Physiognomen führten Lichtenbergs Skepsis kurzerhand auf dessen »entsetzlichen Buckel« zurück.

Die Frage, ob sich die Klugheit eines Menschen an seinem Äußeren ablesen lässt, kann heute aufgrund empirischer Studien besser beantwortet werden als zu den Zeiten Lichtenbergs und Lavaters. Heute wissen wir zum einen, dass tatsächlich die meisten Menschen die Intelligenz anderer Leute genauso beurteilen, wie Lavater es in seinen Geheimregeln empfohlen hat: Sie halten sich zwar nicht mit dem Zählen von Warzen, schrägen Falten und sonstigen Details auf. Aber sie folgen im Ganzen meistens dem sogenannten »Attraktivitätsstereotyp« und schließen, dass einer, der ein angenehmes Äußeres hat, automatisch auch andere positive Eigenschaften hat, z. B. klug, ehrlich, zuverlässig, fleißig, erfolgreich usw. ist. Neuere Studien legen nahe, dass die Zuordnung gutes Aussehen – gute Eigenschaften sogar teilweise berechtigt ist. Eine Ursache kann sein, dass Menschen, die bestimmten Schönheitsnormen entsprechen, mehr Aufmerksamkeit und damit auch mehr Förderung erfahren. Doch die Studien zeigen zugleich, dass die Verbindung lediglich statistisch ist. Die Hübschen können einen schwer enttäuschen und ein kleiner, kartoffelnasiger Mensch kann ein Genie sein. Daher ist auch aus heutiger Sicht Lichtenbergs heftige Kritik an den »wissenschaftlichen« Zuordnungen der Physiognomiker berechtigt.

Götterzeichen

Die Römer beobachteten den Vogelflug, um herauszubekommen, ob die Götter einem bestimmten Vorhaben günstig gesonnen waren. Seither ist das Bedürfnis, in schwierigen Situationen nach einem vorausdeutenden Zeichen Ausschau zu halten, lebendig geblieben. Eine Geschichte als Beispiel: eine Entscheidung im Leben Goethes (1749–1832). Es war die Zeit, als er von seinem Freund, dem Herzog Carl August, immer stärker in die Verwaltung des kleinen Weimarer Staates einbezogen wurde. Er, der im November 1775 nach Weimar gekommen war, sollte nicht mehr nur als Freund und Gesellschafter eine Gastrolle geben. Im Juni 1776 hatte Carl August ihn zum Geheimen Legationsrat

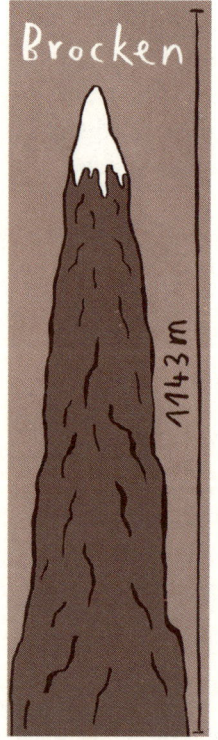

ernannt. Damit hatte er Sitz und Stimme in dem dreiköpfigen Geheimen Consilium erhalten, das den Landesherrn beriet. Er war eine Art Minister. Aktenstudium und Sitzungen begannen auf ihm zu lasten, die künstlerische Produktion litt. Andererseits lockte die Möglichkeit, mitzugestalten im »tätigen Leben«. »Regieren!!« – schrieb er am 8. Oktober 1777 in sein Tagebuch, dies eine Wort nur, zwei Ausrufezeichen dahinter.

In dieser spannungsreichen Situation entschloss sich Goethe, ein Bekräftigungszeichen zu suchen. Er brach im Dezember 1777 zu einer Harzreise auf. Was er suchte, deutete er nur in wenigen Briefen an seine damalige Freundin Charlotte von Stein an. Natürlich wollte er nicht den Vogelflug in den Bergen beobachten. Vielmehr hatte er sich vorgenommen, den Brocken im Winter zu besteigen. Sofern dies gelang, wollte er die Herausforderung in Weimar annehmen. Es ist eine moderne, sportliche Form der Erkundung des Götterwillens. Der Weg auf einen

Berg ähnelt dem Lebensweg – gelingt die Bergbesteigung, so kann man Mut für weitergehende Vorhaben fassen.

Der Brocken ist 1143 Meter hoch, im Winter ist er mit Schnee bedeckt. Zudem liegt der Gipfel an etwa 300 Tagen im Jahr im Nebel. Es war also eher unwahrscheinlich, dass Goethes Vorhaben erfolgreich sein würde. In der Bergsiedlung Torfhaus trifft Goethe den Förster Johann Christoph Degen, der ihn warnt, auf den Brocken zu steigen, er selbst sei im Winter noch niemals oben gewesen. Am Morgen des 10. Dezember lichten sich die Wolken, der Förster sagt: »Nun können Sie den Brocken sehen.« Goethe tritt ans Fenster und ruft: »Und ich sollte nicht hinaufkönnen! Haben Sie keinen Knecht, niemanden – –!!!« Der Förster sagt: »Ich will mit Ihnen gehen.« Tatsächlich erreicht Goethe am selben Tag den Gipfel. Als weiteres Bekräftigungszeichen erscheint am Abend der volle Mond. Als Goethe wieder nach Weimar zurückkam, war er entschlossen, das neue Amt anzutreten.

Weniger romantisch ist ein Götterzeichen, das der britische Mathematiker Charles Babbage (1791–1871), der spätere Erfinder des Computers, als Zehnjähriger anrief. Das Ganze ereignete sich gut zwanzig Jahre nachdem Goethe auf den Brocken gekraxelt war. Charles Babbage fragte nicht nach seiner persönlichen Zukunft, sondern wälzte ein theologisch-religiöses Problem. Er wollte einfach wissen, ob die Bibel wahr sei oder nicht. Langes Nachdenken hatte in dieser Angelegenheit zu keinem Ergebnis geführt. Deshalb entschloss sich Babbage für ein Experiment. Anders als der Stürmer und Dränger Goethe wollte er allerdings nicht gleich Berge erklimmen und verlangte auch nicht, dass Gott eigens für ihn den Vollmond leuchten lasse. Dem späteren Computerpionier reichte eine Ja/Nein-Entscheidung. Er wollte, wie er in seinen Lebenserinnerungen schreibt, zu einer bestimmten Stunde in einen bestimmten Raum des elterlichen Hauses gehen. Sollte er dessen Tür offen finden, wollte er an die Bibel glauben, wenn nicht, dann nicht. Offen oder zu, 0 oder 1 – das war hier die Frage. Der

Versuch wurde mit einem Hintergedanken veranstaltet: Denn der kleine Charles meinte, dass Gott es nicht zulassen werde, dass er der ewigen Verdammnis anheimfalle, nur weil er sich nicht anders zu helfen gewusst habe als durch das Experiment. Der Ausgang seiner Probe allerdings scheint auf Babbage keinen größeren Eindruck gemacht zu haben – in seinem Buch *Passagen aus einem Philosophenleben* schreibt er: »Ich erinnere mich gut daran, daß ich nachsah, aber ich habe keine Erinnerung mehr daran, ob die Tür offen oder verschlossen war.« Vielleicht hatte Gott sich ja einen Spaß erlaubt und die Türe angelehnt?

Literatur

Die Themen, die hier unter dem Titel ›Indizien‹ ausgeführt werden, finden sich in der Literatur unter dem Titel ›Semiotik‹ (Lehre von den Zeichen) – oder auch unter dem Titel ›Hermeneutik‹ (Lehre vom Verstehen). Den besten Überblick bietet der Artikel *Indiz* im *Historischen Wörterbuch der Rhetorik*, Bd. 4, Tübingen 1998. Einen Eindruck von der Vielfalt der Geschichten, die sich um Indizien ranken, ermöglicht der Artikel *Erkennungszeichen* in der *Enzyklopädie des Märchens*, Bd. 4, Berlin, New York 1984. Lesenswert ist der berühmte Essay des Historikers Carlo Ginzburg, *Spurensicherung: Der Jäger entziffert die Fährte, Sherlock Holmes nimmt die Lupe, Freud liest Morelli – die Wissenschaft auf der Suche nach sich selbst*, in: Carlo Ginzburg, *Spurensicherungen. Über verborgene Geschichten, Kunst und soziales Gedächtnis*, München 1988. Die oben zusammengestellten Faustregeln sind angeregt durch Gerhard Hard, *Spuren und Spurenlesen*, Osnabrück 1995. Die Informationen über Goethes Brockenbesuch entnehme ich Albrecht Schöne, *Götterzeichen, Liebeszauber, Satanskult*, München 1993. Ich möchte auch die schwer zu findende Studie über die Korrelation von Intelligenz und Attraktivität erwähnen: Leslie A. Zebrowitz, Judith A. Hall, Nora A. Murphy und Gillian Rhodes, *Looking Smart and Looking Good: Facial Cues to Intelligence and their Origins, Personality and Social Psychology Bulletin*, Vol. 28, No. 2, p. 238–249.

4. Autoritäten

Warum glauben wir das, was wir glauben? In seinen *Briefen an eine Deutsche Prinzessin* unterscheidet der Mathematiker Leonhard Euler (1707–1783) drei Arten von »Wahrheiten«:

- 1. Die Dinge, die wir glauben, weil wir sie selbst wahrgenommen haben
- 2. Die Dinge, die wir glauben, weil wir sie durch Nachdenken erschlossen haben
- 3. Die Dinge, die wir glauben, weil sie uns ein anderer gesagt hat

Die Unterscheidung ist weit verbreitet im Zeitalter der Aufklärung. Und seit jener Zeit genießen vor allem die Überzeugungen der *ersten Sorte* ein besonderes Prestige: Was man selbst gesehen, gehört oder gefühlt hat, davon weiß man, dass es wahr ist. Auch das eigene Nachdenken ist eine schöne Sache. Dagegen haben die Überzeugungen der dritten Sorte etwas durchaus Drittklassiges. Dinge, die man nur glaubt, weil andere sie uns gesagt haben, sind angreifbar. Woher weiß man, dass das, was andere sagen, auch stimmt?

Es ist vor diesem Hintergrund merkwürdig, dass die meisten Überzeugungen, die wir hegen, nicht etwa von der ersten, auch nicht von der zweiten, sondern von der dritten Sorte sind. Die weitaus meisten Dinge glauben wir nicht, weil wir sie selbst geprüft oder gesehen hätten, sondern weil sie uns ein anderer gesagt hat. Insofern kann man ohne viel Übertreibung sagen, dass unser Weltbild auf dem Hörensagen beruht. Dass die Sonne größer ist als ein Heuhaufen oder dass der Mensch vom Affen abstammt und nicht etwa vom Ameisenbär, was ja auch möglich wäre, das wissen wir nur, weil wir es gelesen oder gehört haben. Schon früh verlässt sich ein Kind auf das, was Mutter und Vater ihm sagen. Später vertraut man dann dem Lehrer, danach dem Professor, dann der Tageszeitung. Im Alter erklären viele, sie glaubten gar keinem mehr, und auf keinen sei Verlass – außer auf ihren Hund. Da schlägt das Pendel dann wieder in die andere Richtung aus.

An sich ist es ganz vernünftig, wenn man sich auf andere verlässt, und oft gibt es gar keine Alternative dazu. Was von einer Sache zu halten ist, das lässt sich am leichtesten feststellen, indem man den prüft, der sie einem erzählt. Eine Meinung, die in guter Gesellschaft daherkommt, empfiehlt sich wie ein Mensch, der von einem Freund vorgestellt wird.

Klassiker und Südseehäuptlinge

Man kann gezielt versuchen, die eigene Meinung in gute Gesellschaft zu bringen, das heißt, sie mit Personen oder Institutionen zu verbinden, denen derjenige, den man überzeugen möchte, vertraut. Der klassische Name für ein solches Vorgehen ist *argumentum ex autoritate* – Begründung durch Verweis auf eine Autorität. Autoritäten sind Verankerungspunkte für Meinungen. In der Werbung spricht man in diesem Zusammenhang von ›Testimonials‹ (Empfehlungsschreiben): Prominente werben dann für ein bestimmtes Produkt. Freilich muss die Verbindung von Person und Sache stimmig sein. Nicht jeder Mensch passt zu jeder Aussage.

Einer philosophischen Aussage zum Beispiel würde es wenig helfen, wenn etwa Michael Schumacher sie auf sein Formel-1-Käppi sticken ließe. Denn jede Gemeinschaft hat ihre eigenen Autoritäten. In der Philosophie sind dies die *Klassiker*. Sie haben in vergangenen Tagen ihr Rennen gemacht und sind aus Kontroversen siegreich hervorgegangen. Auch wenn Klassiker in der Regel längst verstorbene Personen sind, hat es eine These in der philosophischen Diskussion leichter, wenn sie sich etwa in Verbindung mit Kant oder Platon bringen lässt.

Die Verehrung der Klassiker verstellt allerdings die Tatsache, dass es oft Zufälle sind, die den einen zum Klassiker werden lassen

und dafür sorgen, dass ein anderer auf ewig vergessen bleibt. Hat eine Person einmal einen Platz im kollektiven Gedächtnis erobert, dann wird ihre Leistung mit der Zeit immer bedeutender. Karl Marx (1818–1883) ist ein Beispiel: Viele Sätze, die Geschichte gemacht haben, werden ihm zugeschrieben. Wie zum Beispiel der, dass Religion »Opium fürs Volk« sei, oder die Parole »Die Arbeiter haben nichts zu verlieren als ihre Ketten« oder »Proletarier aller Länder, vereinigt euch!« Diese weltbekannten Aussprüche wurden, so glaubt man, von ihm geprägt. Tatsächlich aber stammen alle diese Zitate von anderen: Der Spruch mit der Religion geht auf den Dichter Novalis (1772–1801) zurück, der Spruch mit den Ketten auf den französischen Revolutionär Jean-Paul Marat (1743–1793), und das letzte Zitat stammt von Karl Schapper (1812–1870), einem kaum bekannten Zeitgenossen und Kampfgefährten von Karl Marx. Weil sie jedoch von Marx verwendet wurden, buchten spätere Leser sie auf das Konto des Philosophen, während die eigentlichen Erfinder in Vergessenheit gerieten. Auf diese Weise werden die Geistesblitze berühmter Leute nach ihrem Tode immer zahlreicher.

Klassiker sind also *teilweise* Kunstprodukte. Sie werden von den nachrückenden Generationen auf Denkmäler gesetzt, und erscheinen großartiger, als sie wirklich waren. Und es gibt sogar Autoritäten, die *vollständig* erfunden sind. Der gute alte Dr. Sommer (unablässig beratend seit 1969) ist ein Beispiel. Er stellt bekanntlich in einer Jugendzeitschrift seinen Rat für alle Fragen vom Typ »Junge: Hilfe, mir wachsen Brüste!« zur Verfügung. Hinter der Bezeichnung ›Dr. Sommer‹ steckt keine einzelne Person, sondern ein wechselndes Team von Redakteuren und Psychologen. Die Zeitschrift macht mittlerweile auch kein Geheimnis mehr aus dieser Maskerade.

Spektakulär ist der Fall des »Südseehäuptlings Tuiavii«, dessen Einsichten in dem Buch *Der Papalagi* veröffentlicht wurden. Tuiavii setzt sich aus der Perspektive eines Insulaners kritisch mit den Europäern (den »Papalagis«) auseinander. Und der Mann mit dem exotischen Namen und dem sonderbaren Stil griff voll in die Tasten. Über die Bücher schrieb er: »Schlimm und verhängnisvoll ist es darum, daß alle Gedanken, einerlei ob sie gut oder schlecht sind, alsogleich auf dünne weiße Matten geschleudert werden. ›Sie werden gedruckt‹, sagt der Papalagi. ... Viele Gedankenmatten werden dann in Bündeln zusammengepreßt – ›Bücher‹ nennt sie der Papalagi – und in alle Teile des großen Landes verschickt. Alle werden bald angesteckt, die diese Gedanken in sich einnehmen. Und man verschlingt diese Gedankenmatten wie süße Bananen, sie liegen in jeder Hütte, man häuft ganze Truhen voll und jung und alt nagen daran, wie die Ratten am Zuckerrohr. Daher kommt es, daß so wenige noch vernünftig denken können, in natürlichen Gedanken, wie sie ein jeder aufrechter Samoaner hat.«

Ferner störte er sich natürlich auch am Geld: »Sprich einem Europäer vom Gott der Liebe – er verzieht sein Gesicht und lächelt. Lächelt über die Einfalt deines Denkens. Reich ihm aber ein blankes, rundes Stück Metall oder ein großes, schweres Papier – alsogleich leuchten seine Augen, und viel Speichel tritt auf seine Lippen. Geld ist seine Liebe. Geld ist seine Gottheit.«

Alles dies hört sich trotz der kindlichen Schreibweise etwas alt-
backen und konservativ an. Doch hinderte das nicht den Erfolg:
Der Papalagi wurde zu einer Bibel der Umweltbewegung und
millionenfach verkauft. Inzwischen ist freilich nachgewiesen, dass
die Reden keineswegs von einem Einwohner Polynesiens stammen, sondern das Werk eben jenes Erich Scheurmann (1878-1957)
sind, der sich auf dem Bucheinband als »Herausgeber« tarnte.
Dieser reiste im Jahr 1914 nach Samoa, wo er nicht mehr als ein
einziges Jahr verbrachte, kehrte dann über die USA nach
Deutschland zurück und ließ dort im Jahr 1920 den *Papalagi*
erscheinen. In ihm verbreitete er kulturkritische Thesen, wie sie
damals en vogue waren. Der Erfolg war zunächst gering. Doch in
den siebziger Jahren entwickelte sich Scheurmanns Gedankenmatte
zum Bestseller. Viel schweres Papier und rundes Metall erreichte
den Verlag, der alles tat, um den Etikettenschwindel zu vertuschen.
Denn wie viel spannender ist es, wenn ein Südseehäuptling sich
über Europa beklagt statt bloß ein zivilisationsmüder Deutscher!
Erst durch die Erfindung des Häuptlings Tuiavii erreichte Scheurmann, dass sein Weltbild in den Augen des breiten Publikums den
touch der Tiefsinnigkeit erhielt. Seither hat der fiktive Häuptling
einen festen Platz in der kulturkritischen Diskussion.

Anti-Autoritäten

So, wie jeder Personen kennt, auf deren Meinung er viel hält, gibt
es auch Leute, mit deren Ansichten und Meinungen die meisten auf
keinen Fall etwas zu tun haben möchten. Während eine Meinung,
die in ›guter Gesellschaft‹ daherkommt, aufgewertet wird, ruiniert
es eine Meinung, wenn sie in ›schlechte Gesellschaft‹ gebracht wird.

Aber was heißt hier ›schlechte Gesellschaft‹? Wie jede Gruppe
ihre eigenen Autoritäten hat, so hat auch jede ihre eigenen Anti-
Autoritäten. Man muss sie kennen, um Meinungen erfolgreich in
bestimmte ›Ecken‹ stellen und damit abwerten zu können.

In diesem Zusammenhang wird vor allem das Dritte Reich und

seine Repräsentanten oft bemüht. Meinungen, die dort verankert werden können, geraten leicht in schiefes Licht, wie sich zum Beispiel an der Diskussion um die Sterbehilfe zeigt. Sie können auf diese Weise völlig aus dem Felde der öffentlichen Diskussion geschlagen werden. ›Das hätte man im Dritten Reich auch gesagt‹ ist deshalb eine Floskel, die bis heute in vielen Debatten als niederschmetterndes Argument verwendet wird.

Hexenjäger und Aufklärer

Argumente, die auf Autoritäten bauen, lassen sich immer bestreiten. Man kann andere Autoritäten ins Feld führen, die das Gegenteil behauptet haben, oder man kann Gründe anführen, weshalb dieser oder jener Autorität nicht zu trauen sei. Man kann auch grundsätzlich werden und das sogenannte *argumentum ex autoritate* (Begründung durch Verweis auf eine Autorität) als solches in Zweifel ziehen. Man erklärt dann, dass es einem wichtig sei, *sich selbst* eine Meinung zu bilden. In der Philosophie hat es mehr als einmal einen regelrechten Aufstand gegen die Autoritäten gegeben. Der bekannteste fand zur Zeit der Aufklärung statt. Die Aufklärer traten für das *Selbstdenken* ein und kritisierten die Gewohnheit, Ansichten unbesehen von anderen zu übernehmen. Denn dabei kann es leicht zu Fehlentscheidungen kommen. Die Aufklärung entzündete sich im 17. Jahrhundert nicht an theoretischen Spekulationen, sondern entstand im Erwachen aus der kollektiven Hexenhysterie. Sie formierte sich als Kampf gegen die Hexenverbrennungen. Ihr erster heroischer Protagonist war der Jurist und Philosoph Christian Thomasius (1655–1728). Er war Juraprofessor an der Universität Leipzig und glaubte ursprünglich selbst an die Existenz von Hexen. In altertümlichem Urdeutsch erläutert er: »Ich war damals mit der gemeynen Meinung von dem Hexen-Wesen so eingenomen, das ich selbst geschworen häte, das die Hexen mit dem Teuffel Elben gezeuget und mit ihm durch die Lufft auff den Blokkersberg gefaren waren.« Tatsächlich hatte

Thomasius 1694 eine Angeklagte, deren Fall ihm zur Begutachtung vorgelegt wurde, für schuldig befunden. Doch der Casus nahm einen ungewöhnlichen Verlauf. Das von Thomasius verfasste Gutachten leuchtete seinen Fakultätskollegen nicht ein. Sie hakten nach und stellten Thomasius, der sich mit seinem strengen Gutachten hervortun wollte, überraschend einige Fragen. Auf welche Indizien er sich stütze. Thomasius geriet in Schwierigkeiten. Am Ende beschloss die fortschrittliche Fakultät, dass die vermeintliche Hexe, um die es in dem Prozess ging, aus der Haft zu entlassen sei. Christian Thomasius war mit seiner Empfehlung nicht durchgedrungen.

Dieser Knick in seiner Karriere – er hatte sich mit einem Gutachten blamiert – gab dem Juristen zu denken. Bisher hatte er sich auf die über die Hexen und den Teufel umlaufenden Gerüchte blind verlassen. Thomasius wandelte sich vom Saulus zum Paulus und wurde zum prominentesten Gegner der Hexenprozesse in Deutschland.

Im Jahre 1702 erschienen seine *Kurtzen Lehrsätze von dem Laster der Zauberey*, die in der Forderung gipfeln, dass alle Hexenprozesse einzustellen seien, weil die Hexerei nicht existiere. Sein mit vielen Schriften und hohem persönlichen Risiko geführter Kampf hatte schließlich Erfolg: Die Hexenprozesse wurden abgeschafft – zunächst in Preußen, dann in allen Ländern des alten Deutschen Reiches. Thomasius war damit freilich nicht zufrieden: Wie hatte es geschehen können, dass er selbst an solche haltlosen Gerüchte geglaubt hatte? Indem er dieser Frage weiter nachging, wurde er zum ersten Aufklärer Deutschlands.

Der Leipziger Jurist entwickelte die erste Theorie des Vorurteils, die für die gesamte Aufklärungsphilosophie bestimmend wurde. Sie hat bis heute nichts an Aktualität verloren. Thomasius teilt die Vorurteile in zwei Klassen, in solche der Autorität und solche der Übereilung. Schon diese Einteilung ist ein aufklärerischer Impfstoff – weil sie es erleichtert, Vorurteile überhaupt zu erkennen.

Die Vorurteile, die aus dem Glauben an eine Autorität entstehen, sind laut Thomasius die hartnäckigsten: »Aber wenn einer einmahl aus Thoerichter Liebe zu menschlicher autorität eine falsche Meinung eingesogen / ist dieselbe so schwer wieder loß zu werden, daß öffters die sonst klügsten Leute nicht dran wollen / den Irthum zu erkennen / ob sie gleich die Wiederlegung desselben nicht beantworten können / sondern sie liebkosen denselbigen / und sagen / es sey eben der Mangel ihres Verstandes / und es würden die / von denen sie ihre Meinung herhaben / dieselbe schon besser vertheidigen könen.«

Alle Menschen sind von Natur aus anfällig für Vorurteile. Aber warum? Die Ursache liegt, so meint Thomasius, in der Hilflosigkeit des kleinen Menschen. Während kleine Tiere sich dank ihrer Instinkte bald selbst zurechtfinden, bleibt der kleine Mensch lange Zeit angewiesen auf seine Eltern. Hier findet Thomasius die Ursache für die unaufhebbare Anfälligkeit für Aberglauben und Vorurteil: Die Menschen *hören* von vielen Dingen, ehe sie diese zu Gesicht bekommen. »Daß die Kinder erst begreiffen / was andere Menschen von den Wesen der Dinge gedencken / ehe sie selbst davon eigentlich etwas gedencken.« Kinder sind von Natur aus leichtgläubig und sie müssen es sein – darin liegt der Grund dafür, dass »denen Kindern nebst wenigen Wahrheiten viel millionen Irrthümer nothwendig beygebracht werden.« Sich von Irrtümern, Aberglaube und Vorurteilen zu befreien, ist seit den Tagen des Christian Thomasius der wichtigste Programmpunkt der Aufklärung. Diese sei, so der spätere Satz Immanuel Kants, »die Maxime, jederzeit selbst zu denken«. Ziel war, sich nicht auf Meinungen aus zweiter oder dritter Hand zu verlassen, sondern auf das eigene Urteil und die eigene Erfahrung. Die große Zeit der Aufklärung war das 18. Jahrhundert. Doch begonnen hatte sie schon vorher – mit dem Kampf des Christian Thomasius gegen den Hexenwahn.

Die Kritik der Aufklärung an den Autoritäten war nicht unproblematisch. Denn es zeigte sich rasch, dass das Selbstdenken nur eine beschränkte Reichweite hat. Ein geläufiger Einwand gegen die hochgespannten Erwartungen, welche die Aufklärung geweckt hatte, besteht darin, dass das reine Selbstdenken auch den strengsten Aufklärern nicht gelungen sei. Schon der Satz: »Habe Mut, dich deines eigenen Verstandes zu bedienen!«, den Immanuel Kant der Aufklärung voranstellte, ist mitnichten selbst gedacht, sondern vielmehr abgeschrieben. Er ist eine Übersetzung eines uralten römischen Spruches: *Aude sapere!*, der sich zum Beispiel bei Horaz findet.

Selbstdenken

Die Autoritätshörigkeit ist trotz aller Aufklärung nicht zurückgegangen. Sie hat sich in gewisser Hinsicht sogar gesteigert. Der moderne Mensch glaubt an deutlich mehr Dinge, die er nur vom Hörensagen kennt, als seine Vorfahren vor dreihundert Jahren. Nie zuvor war das Denken des Einzelnen so stark von Ansichten und Meinungen bestimmt, die er von anderen übernimmt, ohne sie zu prüfen oder auch nur prüfen zu können. Das liegt keineswegs an der Faulheit, die im Einzelfall natürlich hinzukommen kann. Ein wichtigerer Grund ist die Flut an Meinungen und Informationen, die der Einzelne nicht mehr verarbeiten kann. Man ist in der arbeitsteiligen Gesellschaft zwangsläufig auf Experten angewiesen.

Damit kommen wir wieder auf den Anfang des Kapitels zurück: Auf die Überzeugungen der dritten Sorte, die gegenüber den ersten zwei zweitrangig sind. Es war der Traum der Aufklärung, diese Überzeugungen abzuschaffen und stattdessen selbst zu denken.

Doch vollständig ist dies nicht möglich. Zumindest hätte der Versuch den Verzicht auf jede Form gesellschaftlichen Lebens zur Folge: Man müsste als Einsiedler in die Wüste ziehen. Und auch das wäre noch nicht genug: Denn auch in der Wüste wird man noch von Erinnerungen beeinflusst. Der radikalste Weg zur Aufklärung wäre insofern, sich mit einem Nudelholz so lange auf den Kopf zu schlagen, bis eine vollständige Löschung der Festplatte eintritt. Auf diese Weise hätte man sich von allen Vorurteilen befreit, doch zugleich die Fähigkeit des Denkens eingebüßt. Daher ist es zweckmäßiger, sich von vornherein klarzumachen, dass das Selbstdenken nicht total, sondern immer nur stückweise gelingen kann. Es ist unmöglich, *ganz* von vorn anzufangen.

• •

Spiel: Stille Post

1. Gehe in den Keller und suche in den Kartons und Boxen mit den vergessenen Dingen nach dem merkwürdigsten Gegenstand, den du auftreiben kannst. Vielleicht ein Urlaubssouvenir, eine Staubfluse oder ein Bindfaden.
2. Fertige eine Skizze dieses Gegenstandes an.
3. Zeige diese Skizze einem Freund. Falte sie anschließend wieder zusammen und bitte den Freund, aus der Erinnerung eine Kopie der Skizze zu zeichnen.
4. Nimm diese Skizze, gehe damit zu einem zweiten Freund oder zu einem Nachbarn oder einem Bekannten, und bitte, diese zweite Kopie aus der Erinnerung zu kopieren: Es ist wie beim Stille-Post-Spiel, nur dass diesmal Bilder verwandt werden.
5. Wiederhole dies sechs oder sieben Mal.

Das Spiel knüpft an ein Experiment des englischen Sozialpsychologen Frederic Bartlett (1886–1969) an. Er wollte wissen, was von einer Information oder von einem Bild übrig bleibt, nachdem es durch viele Köpfe gegangen ist. Das Ergebnis: Schritt für Schritt findet eine Nivellierung statt. Details gehen verloren, und am Ende bleibt ein Schema, das an die Denk- und Sehgewohnheiten der Gruppe angepasst ist. Es würde nur ein unbestimmtes ›da-war-doch-was‹ übrig bleiben – wenn es nicht auch den gegenläufigen Prozess gäbe. Denn es werden in der Kette des Erzählens nicht nur Details weggelassen – es werden auch welche hinzugefügt. Solche nämlich, die zu der eigenen Version passen und sie eindeutiger und stimmiger machen.

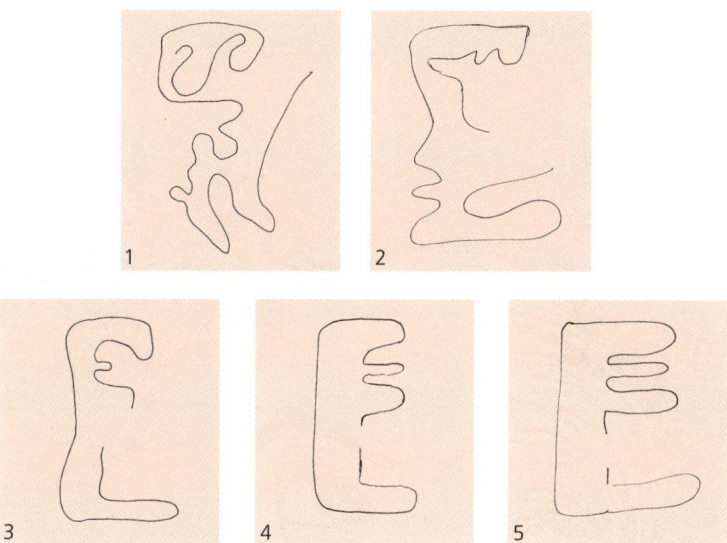

Literatur

Die Unterscheidung der drei Überzeugungssorten übernehme ich dem Werk *Briefe an eine Deutsche Prinzessinn über verschiedene Gegenstände der Physik und der Philosophie* des Mathematikers Leonhard Euler (1707–1783), die 1768 erschienen. (Eine gekürzte Auflage dieser Briefe erschien 1968 bei Reclam Leipzig.) Diese wunderbaren, glasklaren Briefe richteten sich an Friederike von Brandenburg-Schwedt (1745–1808), eine Cousine des Preußenkönigs Friedrich II., die als Äbtissin in einem Stift bei Herford (Westfalen) lebte. Zu der Zeit, als sie die Briefe erhielt, war sie etwa 15 Jahre alt. Die Briefe wurden von Berlin aus geschrieben, wo sich Euler auf Einladungen Friedrichs aufhielt. Seine Lehre von den drei Überzeugungen entfaltet er in den Briefen 115 bis 120. Über Christian Thomasius informiert kurz und übersichtlich Rolf Lieberwirth in: *Christian Thomasius: Über die Hexenprozesse*, München 1987. Zur Vorurteilslehre des Christian Thomasius siehe seine *Einleitung zur Vernunftlehre*, Hildesheim 1968 (Halle 1691). Die Vorurteilskritik der Aufklärung stellt Werner Schneiders dar in: *Aufklärung und Vorurteilskritik*, Stuttgart – Bad Cannstadt 1983. Der Papalagi-Fall und noch einige andere verwandte Geschichten werden aufgerollt in: Gerd Stein (Hg.), *Exoten durchschauen Europa: Der Blick des Fremden als ein Stilmittel abendländischer Kulturkritik*, Frankfurt a. M. 1984.

Martin Heidegger

5. Hinsehen

Das Stille-Post-Spiel zeigt, was herauskommt, wenn viele Leute hintereinander nur das wahrnehmen, was der Vorgänger gesehen hat, ohne nochmals das Original betrachten zu können. Der ursprüngliche Eindruck erblindet allmählich – und stattdessen erscheint eine völlig neue Gestalt. Das ist besonders dann der Fall, wenn der Gegenstand kompliziert und mehrdeutig ist.

Das Spiel wurde eingesetzt, um die Funktionsweise des kollektiven Gedächtnisses zu erforschen. Es zeigte, dass stets eine Tendenz besteht, einen Gedächtnisinhalt ›verdaubarer‹ zu machen, indem er schematisiert wird. Das Erinnerungsbild entfernt sich besonders dann rasch vom Ausgangspunkt, wenn dieser mehrdeutig und kompliziert ist. Dabei werden nicht nur Dinge weggelassen, sondern auch Dinge hinzugefügt, etwa ein Halsbändchen zu einer Katze oder Augenbrauen zu einem Gesicht. In jedem Fall verliert der ursprüngliche Gegenstand nach und nach seine Eigentümlichkeiten und passt sich immer mehr an geläufige Allerweltsbilder an. Solche Schematisierungen lassen sich auch im Erzählen und Weitergeben von Geschichten beobachten, bei denen aus einer Begebenheit nach und nach eine ›spannende Story‹ wird. Solche Storys sind auch in der Philosophie verbreitet. Und zwar merkwürdigerweise besonders dort, wo ›unmittelbar‹ auf die Wirklichkeit Bezug genommen wird. Seltsamerweise sind philosophische Texte oft genau dort verschwommen und äußerst grob, wo die sinnliche Welt zum Thema wird. Gerade da, wo es frisch und konkret werden soll, findet man meist ein vertrocknetes Präparat. Denn die Beispiele und Geschichten, mit denen Philosophen Farbe und Leben in ihre Werke bringen wollen, sind oft abgeschrieben. Und zwar mehrfach: Der, von dem abgeschrieben wird, hat seinerseits schon abgeschrieben. Manchmal muss man in den Überlieferungsketten hunderte Jahre zurückgehen, um auf einen Autor zu

stoßen, der noch *selbst* hingesehen hat. Geht es um den Begriff des Zufalls, und wird ein konkretes Beispiel gesucht – so kann man sicher sein, dass früher oder später von einem Ziegelstein die Rede ist, der vom Dach fällt. Geht es um den Begriff des materiellen Dinges, so kommt unweigerlich der Schreibtisch ins Spiel, und wo über die Realität von Gattungen gesprochen wird, da kannte man lange nur die Rose. Beispiele werden von einem Autor zum anderen weitergereicht, wie ein Schiffszwieback in einem Boot von Schiffbrüchigen, an dem jeder einmal riechen darf. Kein Wunder, wenn sich mit der Zeit gewisse Mangelerscheinungen einstellen.

Es lohnt daher stets, *hinzusehen*, Beispiele an der Wirklichkeit zu messen und sie mit dem Verdacht zu lesen, hier werde bloß abgeschrieben. Auch lohnt es sich immer, Beispiele zu variieren und durch neue Beispiele auszutauschen. Genau dies war das Ziel der phänomenologischen Schule, die von Edmund Husserl (1859–1938) begründet wurde. *Zu den Sachen selbst* war das Motto. Die Phänomenologen brachten eine neue Kultur der Beschreibung hervor, die sich von den abstrakten Diskussionen der übrigen Philosophie wohltuend unterschied. In fast manischer Besessenheit bemühten sich Husserls Schüler um minutiöse Beschreibungen von Gefühlen, Denkvorgängen oder Wahrnehmungen. Manche uralten Thesen über Gefühle, über den Leib oder über das Bewusstsein wurden dabei als frei erfunden entlarvt – als »konstruiert« und nicht »phänomengerecht«, wie es in der damaligen Sprache hieß. »Husserl hat mir die Augen eingesetzt« – mit diesen schönen Worten würdigte Martin Heidegger (1889–1976) einmal die Leistung seines philosophischen Lehrers. Die Phänomenologie beeinflusste über die Philosophie hinaus die Mathematik, die Psychologie und die Soziologie. Und nicht zuletzt befruchtete sie auch die Literatur: Dem Phänomenologen und Schriftsteller Jean-Paul Sartre (1905–1980) wurde 1964 sogar der Nobelpreis angetragen, den dieser allerdings aus politischen Gründen ablehnte.

Natürlich haben nicht erst die Phänomenologen erkannt, wie wichtig es für Denker sein kann, ab und zu von den Büchern aufzublicken und einen Blick auf die Welt zu werfen. Ein wunderbares Beispiel findet man bei dem Philosophen und Mathematiker Gottfried Wilhelm Leibniz (1646–1716), der gewöhnlich als Rationalist bezeichnet wird, also einer philosophischen Position zugeordnet wird, die den Verstand für bedeutender hält als die sinnliche Wahrnehmung. Doch mehr als viele Empiristen hatte Leibniz die Gabe, unbefangen hinzusehen. Das zeigt sich in einer Auseinandersetzung mit den Prinzipien des René Descartes (1596–1650). Dieser vertrat die Ansicht, das Einzige, was sich an den Dingen der Außenwelt klar und deutlich erkennen lasse, sei ihre geometrisch bestimmbare Ausdehnung. Daher sei die Mathematik berufen zur sicheren und befriedigenden Beschreibung der Außenwelt. Eine Ansicht, die heute noch von vielen Naturwissenschaftlern geteilt wird. Leibniz schrieb dagegen, dass es jene von Descartes behauptete Ausdehnung keineswegs gebe, denn nur dann, wenn man ganz grob hinsähe, könne man meinen, die Form der Dinge sei klar erkennbar. Bei näherer Betrachtung weise jedes Ding unzählige Buchten und feine Risse auf, die von keiner geometrischen Form befriedigend erfasst werden könnten. Die mathematische Beschreibung der Erscheinungen liefert daher keine klare und deutliche Erkenntnis, sondern nur eine Abstraktion. Durch einfaches Hinsehen hebelte er eine anscheinend gut begründete und überdies zentrale These aus den Angeln.

Hinsehen schließt ein, dass man das, was man sieht, ernst nimmt, statt es wegzuerklären. Das ist nicht so selbstverständlich, wie es scheint, da einem durch Erziehung und Ausbildung unvermeidlich Sehmuster vermittelt werden, die festlegen, welche Details wichtig

sind und welche irrelevant. Wer etwas sieht, was andere nicht sehen, kann auf unüberwindbare Schwierigkeiten stoßen. Dafür kenne ich kein besseres Beispiel als die Entwicklung der Theorie der Kontinentaldrift durch den deutschen Polarforscher und Meteorologen Alfred Wegener (1880–1930). Wegener hatte sich die Umrisslinien der Kontinente genau angesehen, und ihm war aufgefallen, was jedes Kind sehen kann: Dass die östliche Küstenlinie von Südamerika genau in die Einbuchtung der Küstenlinie von Westafrika paßt. Tatsächlich ließe sich der Ozean zwischen Europa und Amerika, wenn man einige Küstenlinien ein wenig verschiebt, mühelos schließen. Diese Beobachtung hätte Wegener natürlich mit einem Achselzucken wegschieben können: Zufall, hätte er sich sagen können. Stattdessen stellte er die Theorie auf, dass die Kontinente einmal einen Riesenkontinent gebildet haben, der erst später auseinandergebrochen ist. Wegener sammelte für diese These Beweismaterial, unter anderem wies er auf die verblüffend ähnliche Tierwelt in Südamerika und im südlichen Afrika hin. Dennoch wurde er von der Fachwelt als Spinner betrachtet. Vor allem wurde darauf hingewiesen, dass Wegener keine überzeugende *Erklärung* für die erstaunlichen Bewegungen der Kontinente bieten konnte. Seine Behauptung ließ sich nicht mit den damals in der Geologie herrschenden Theorien vermitteln. Deshalb wurde sie abgelehnt. Beim Versuch, seine Theorie durch Messungen im ewigen Eis in Grönland zu untermauern, kam Wegener 1930 ums Leben. Erst dreißig Jahre später konnten Geologen definitive Beweise für die Kontinentaldrift vorlegen – heute ist die Theorie allgemein anerkannt.

Literatur

Das Stille-Post-Spiel habe ich übernommen von Frederic Bartlett, *Remembering*, Cambridge 1932. In Deutsch ist es dargestellt in: Steven Schwartz, *Wie Pawlow auf den Hund kam ... : Die 15 klassischen Experimente der Psychologie*, Weinheim, Basel 1991. Zur neueren Forschung zur seriellen Reproduktion siehe den Übersichtsartikel *Experimentelle Erzählforschung* in der *Enzyklopädie des Märchens*, Bd. 4, Berlin, New York 1984. Über die Fruchtbarkeit des Hinsehens in der Philosophie schreibt Hermann Schmitz in seinem programmatischen Buch *Neue Phänomenologie*, Bonn 1980. Schmitz ist der bedeutendste lebende Phänomenologe, daher möchte ich auf die zusammenfassende Darstellung seiner Philosophie hinweisen: *Der unerschöpfliche Gegenstand*, Bonn 1990. Wichtige Bemerkungen zur Bedeutung des Hinsehens finden sich bei Peter Bieri, *Das Handwerk der Freiheit*, München, Wien 2001, und zwar im *Zweiten Intermezzo*. Wer die ursprüngliche phänomenologische Kunst des Sehens kennenlernen will, sollte den Husserl-Schüler Hans Lipps lesen, z. B. sein Werk *Die menschliche Natur*, Frankfurt a. M. 1941, oder auch Wilhelm Schapp (z. B. *Beiträge zur Phänomenologie der Wahrnehmung*, Halle 1910). Leibnizens Bemerkung zur Geometrisierbarkeit der Natur ist sehr versteckt, daher sei die Quelle genannt. Es handelt sich um eine kurze Aufzeichnung mit dem Titel *Primae veritates* (Erste Wahrheiten), die erst im 20. Jahrhundert gedruckt wurde, und zwar in Louis Couturat (Ed.), *Opuscules et Fragments Inedits de Leibniz* (Bislang unveröffentlichte kleinere Werke und Fragmente von Leibniz), Hildesheim 1961 (1903), S. 522.

Gottfried Wilhelm Leibniz

6. Beispiele

Beispiele zählen zu den wichtigsten Elementen jeder Argumentation. Sie versuchen, eine allgemeine Aussage durch einen einzelnen Fall zu untermauern. Das ist etwa so, als wollte man ein windschiefes Haus mit einem Schilfrohr stützen. Denn mit einzelnen Beispielen kann man eine allgemeine Aussage höchstens plausibel machen, aber nicht beweisen. Selbst eine so banale Aussage wie »Maultiere (also Kreuzungen zwischen Pferd und Esel) sind unfruchtbar« lässt sich durch Beispiele nicht endgültig belegen – auch dann nicht, wenn es sehr viele Beispiele sind. Dagegen wird sie durch ein einziges Gegenbeispiel *widerlegt*. Im Herbst 2002 ging ein solcher Fall durch die Presse. In einem marokkanischen Dorf brachte eine Maultierstute ein gesundes männliches Fohlen zur Welt. Wissenschaftler versuchen zur Zeit zu ergründen, wie es die Maultiermutter wohl geschafft hat, die genetischen Hürden zu überwinden. Einstweilen gilt: Von Zeit zu Zeit gefällt es der Natur, ihre eigenen Regeln zu brechen. Daher ist auf noch so viele Beispiele, die einen allgemeinen Satz belegen sollen, streng genommen kein Verlass. Man muss mit Überraschungen rechnen.

Weisheiten auf dem Prüfstand

Je umfassender ein Satz daherkommt, desto einleuchtender erscheint er, besonders dann, wenn er von berühmten Philosophen stammt. Man sollte dennoch stets versuchen, sich durch Beispiele und Gegenbeispiele einen Eindruck von der Tragweite einer Ansicht zu verschaffen. So manche Lehre löst sich dann in Wohlgefallen auf. Zum Beispiel die folgende, die von Ludwig Wittgenstein (1889–1951) stammt: »Die Grenzen meiner Sprache sind die Grenzen meiner Welt.« Diese Weisheit wirkt zunächst beeindruckend, vielleicht auch, weil es einem so vorkommt, als habe man sie schon *irgendwo* gelesen. Die Grenzen meiner Sprache ... die Grenzen meiner Welt – das klingt gut. Die Frage muss aber sein: Stimmt das überhaupt? Zunächst drängen sich positive Beispiele auf. Je besser sich einer ausdrücken kann, desto mehr kann er, so scheint es, wahrnehmen, desto reicher ist sein Erleben. Doch wenn man die Beispiele ein wenig *abwandelt*, treten schnell Probleme auf. Wie ist es, wenn man sich ein kleines Kind vorstellt, das noch gar nicht sprechen kann? Gilt die Maxime auch hier? Wohl kaum. Kinderpsychologen und Erziehungsberater wissen, dass es ein folgenschwerer Irrtum sein kann, anzunehmen, dass Kinder Dinge nicht wahrnehmen, nur, weil sie sich noch nicht sprachlich mitteilen können. Ihre emotionale Welt reicht über ihre Ausdrucksfähigkeit hinaus. Damit hätte man bereits ein Gegenbeispiel, dem sich leicht weitere an die Seite stellen ließen. Die Wittgenstein'sche These enthüllt sich, wenn man sie in Beispiele ausmünzt, also als durchaus problematisch. Sie übertreibt die Bedeutung der Sprache.

Ein weiterer Fall, diesmal aus dem Gebiet der praktischen Vernunft, ist der kategorische Imperativ Immanuel Kants (1724–1804). Er lautet: »Handle so, daß die Maxime deines Willens jederzeit zugleich als Prinzip einer allgemeinen Gesetzgebung gelten könne.« Die Umständlichkeit der Formulierung und die Fremdwörter ›Maxime‹ und ›Prinzip‹ suggerieren Genauigkeit. Manchem erscheint der Satz als eines der zeitlosen ›Ergebnisse‹ der Philosophie. Bestätigende Beispiele liegen auch hier durchaus nahe. Ist es nicht wirklich so, dass man die Würde des anderen respektieren, ihn nicht bestehlen oder betrügen soll? Und lässt sich dies nicht leicht zur allgemeinen Gesetzgebung erheben? Probleme tauchen erst auf, wenn man sich mit Nebenbeispielen beschäftigt. Wie steht es mit der Maxime, sehr sparsam zu sein und sein Geld immer auf die Bank zu tragen? An sich ein vernünftiger Grundsatz. Taugt er aber zum Prinzip einer allgemeinen Gesetzgebung? Eher nicht. Allgemeine Sparsamkeit, die für den Einzelnen vernünftig sein kann, wäre der Ruin jeder Volkswirtschaft.

Oder ein weiteres Beispiel, aus Kants eigenem Leben. Er blieb zeitlebens Junggeselle und heiratete nicht. Die Maxime lautet in diesem Fall: ›Bleibe Junggeselle!‹ Offenbar ein Grundsatz, den Kant für sinnvoll hielt. Ist es aber unfair, sich zu fragen, ob sie zum Prinzip einer allgemeinen Gesetzgebung werden könnte? Hätte dieses nicht auf die Dauer weniger wünschenswerte Folgen?

Einsteins Kampf

Wer eine allgemeine Theorie aufstellt, fürchtet nichts so sehr wie Leute, die sich daranmachen, Gegenbeispiele zu finden. Je allgemeiner die Theorie, desto größer die Chance, solche Gegenbeispiele auch zu finden und den Theoretiker in Bedrängnis zu bringen. Andererseits bietet jeder Angriff mit Gegenbeispielen auch eine besondere Chance.

Denn wenn das Gegenbeispiel nicht durchschlägt, sondern abgewehrt wird, indem sich zeigen lässt, dass es sich mit der Theorie *eben doch* vermitteln lässt, so stärkt dieses Ereignis die fragliche Theorie ganz ungemein. Es wird von den Vertretern einer bestimmten Theorie oder einer bestimmten Position oft erzählt und soll beeindrucken, ähnlich wie bei kriegerischen Stämmen Narben und Wunden als Beleg der Unverwüstlichkeit galten.

Geradezu lehrbuchhaft deutlich wird der Angriff mit gefährlichen Gegenbeispielen bei einer Diskussion über die Quantenmechanik, die längst in die Annalen der Wissenschaft eingegangen ist. Die Bühne der Auseinandersetzung war ein Physikerkongress, nämlich die *5. Solvay Konferenz* im Jahre 1927. Kontrahenten sind Albert Einstein (1879–1955), der davon überzeugt war, dass die Quantenmechanik falsch ist, und auf der anderen

Seite die Begründer eben dieser Quantenmechanik, die allesamt einer jüngeren Physikergeneration angehörten: Wolfgang Pauli (1900–1958), Werner Heisenberg (1901–1976) und Niels Bohr (1885–1962). Zum Frühstück traf sich Einstein jeden Tag mit den dreien und trug seine Bedenken gegen die Theorie vor. Er hatte sich immer ein Experiment ausgedacht, aus dem hervorging, dass die Theorie nicht stimmt. Während Pauli und Heisenberg die Einwände zwar zur Kenntnis nahmen, sich aber nicht weiter damit beschäftigten, nahm Bohr sie ernst und überlegte sich während des Tages eine Widerlegung. Beim Abendessen entkräftete er Einsteins Argumente.

Doch Einstein gab sich nicht geschlagen. Drei Jahre später, auf der *6. Solvay Konferenz*, hatte er sich etwas ganz Besonderes ausgedacht, das Photonenschachtelexperiment. Mit diesem wollte er die Unschärferelation aushebeln, ein grundlegendes Gesetz der Quantenmechanik. Bohr geriet unmittelbar nach Einsteins Präsentation in Aufregung, weil er nicht sofort die Schwachstelle, den möglichen Fehler im Gedankengang finden konnte. Ein Kollege schrieb später: »Es war ein rechter Schock für Bohr ... Während des ganzen Abends war er extrem unruhig, ging von einem zum anderen und versuchte jeden zu überzeugen, dass es nicht wahr sein könne, dass es das Ende der Physik bedeute, falls Einstein recht hätte; aber er konnte keine stichhaltige Widerlegung vorweisen. Ich werde nie die äußere Erscheinung der beiden Antagonisten vergessen, als sie den Club verließen ...: Einstein, eine große, majestätische Gestalt mit einem Lächeln um den Mund, und Bohr, der sehr aufgeregt neben ihm trabte ... Am nächsten Morgen kam Bohrs großer Erfolg.«

Bohr hatte einen Fehler in der Argumentation Einsteins entdeckt. Bei seiner Widerlegung nutzte er gemeinerweise auch Sätze der Allgemeinen Relativitätstheorie, die Einstein kurz zuvor entwickelt hatte. Dieser Sieg steigerte das Prestige der Quantentheorie in den Augen der anwesenden Physiker. Sie hatte einem raffiniert angelegten Versuchsaufbau, der eigens zu ihrer Widerlegung erdacht worden war, getrotzt. Einstein freilich gab sich nicht geschlagen. Bis zu seinem Tode hielt er die Quantentheorie für verkehrt.

Lachende Pferde

Gegenbeispiele können eine These ins Wanken bringen. Sie müssen aber nicht automatisch ihr Ende bedeuten. Vielmehr kann man sie auf vielfältige Weise abschwächen. Man kann das Beispiel schlicht wegleugnen. Wenn dieses nicht verfängt, ist es immer noch möglich, es zur Ausnahme zu erklären. Man kann Hilfsannahmen einführen, die das Beispiel wegerklären. Und schließlich kann man mit feinen Unterscheidungen arbeiten und das Beispiel auf diese Weise unschädlich machen.

Wie dies funktioniert, zeigt folgender Dialog, der einer Geschichte von Robert Musil nachempfunden ist. Diesmal geht es nicht um Photonen und Quanten, sondern um die Frage, ob Pferde lachen können. Viele glauben, dies sei nicht möglich, da das Lachen eine Besonderheit des Menschen sei. So auch Herr Meier:

FRAU MEIER Neulich habe ich ein Pferd lachen sehen. Es wurde gekitzelt – und hat gelacht.

HERR MEIER Wie denn das? Gekitzelt?

FRAU MEIER Doch, unter den Achseln, da war es kitzlig. Und ein Pferd hat vier Achseln, also ist es doppelt so kitzlig wie ein Mensch.

HERR MEIER Das beweist noch gar nichts. Lachen kann schließlich nur der Mensch.

FRAU MEIER Und dann hatte es noch je eine besonders empfindliche Stelle an der Innenseite der Schenkel!

HERR MEIER Du träumst.

FRAU MEIER Immer, wenn die Striegelbürste sich der empfindlichen Stelle näherte, legte es die Ohren zurück, wurde unruhig, wollte an die Stelle hin und zeigte, wenn es das nicht konnte, die Zähne. Der Striegel kam immer näher und das Pferdchen tanzte von einem Bein aufs andere. Die Ohren legte es immer weiter zurück und plötzlich entblößte es alle seine Zähne. Es lachte!

HERR MEIER Unsinn. Es hat seine Zähne gezeigt, aber das ist kein Lachen.

FRAU MEIER Es hat nicht gerade gewiehert vor Lachen. Das allerdings nicht. Das kannst nur du.

HERR MEIER Was willst du damit sagen?

FRAU MEIER Gar nichts ... Aber dieses Pferdchen ... – das Spiel begann immer wieder von Neuem, es *wollte* lachen und wartete, dass die Bürste wieder näherkam ...

HERR MEIER Es hat *nicht* gelacht. Sondern nur die Zähne gefletscht.

FRAU MEIER Na gut, wenn du darauf hinauswillst, dass das Pferd nicht wie du über Biertisch-Witze lachen kann, meinetwegen. Das kann es allerdings nicht. Aber das kann ich ihm auch nicht verübeln.

Vorhersagen

Normalerweise ist ein Beispiel eine Tatsache, die man anführt, um die Gültigkeit einer These zu untermauern. Es gibt jedoch ein noch eindrucksvolleres Beweisverfahren. Dieses besteht darin, Vorhersagen zu treffen. Man gibt dann gewissermaßen Beispiele für die eigene These (oder Theorie) an, die bislang noch gar nicht bekannt sind. Man greift ins Unbekannte wie ein Kind in eine Wundertüte – und kann Aufsehen erregen, wenn man tatsächlich das herausholt, was man angekündigt hat.

Die Naturwissenschaft hat dieses Verfahren zum integralen Bestandteil ihrer Methode gemacht. Eine Theorie wird nicht nur danach beurteilt, ob sie die bereits bekannten Tatsachen umfasst, sondern ganz wesentlich danach, ob sie es gestattet, neue Tatsachen festzustellen.

In dieser Weise verwendete der russische Chemiker Dimitri Iwanowitsch Mendelejew (1834–1907) sein *Periodisches System der chemischen Elemente* dazu, Vorhersagen von Elementen zu machen, die noch gar nicht entdeckt waren. Denn zu seiner Zeit gab es in seiner Tafel noch einige Lücken. Mendelejew hätte sich sicherlich sagen können: ›Nun gut, meine Tabelle ist nur ein Ordnungsschema, das kann nicht ganz perfekt sein.‹ Aber nein, er erklärte: ›Dieser Tabelle liegt ein Gesetz zugrunde, und in die Lücken gehören Elemente, die wir noch nicht kennen.‹ Diese Vorhersage ähnelte einer Wette – zwischen ihm und der Gemeinschaft seiner Fachkollegen. Auf dem Spiel stand nicht nur sein periodisches System, sondern auch sein Ruf als Wissenschaftler. Als tatsächlich die von Mendelejew vorhergesagten Elemente gefunden wurden, wuchs das Prestige seiner Tafel deutlich an. So erzielte er einen entscheidenden Vorteil über fünf andere Chemiker, die gleichzeitig oder sogar vor Mendelejew periodische Tabellen der chemischen Elemente veröffentlicht hatten, jedoch zu vorsichtig waren, diese für Vorhersagen über unbekannte Elemente einzusetzen.

Der Beweis mit Hilfe von Vorhersagen hat einen starken psychologischen Effekt. Tatsächlich kann aber auch eine erfolgreiche Vorhersage eine allgemeine Theorie nicht definitiv belegen. Sie erweitert nur das Feld der Beispiele.

Beispiele und Gründe

Aristoteles schrieb in seiner *Rhetorik*, man solle Beispiele nur in populären Debatten verwenden, jedoch nicht, wenn man mit Philosophen spricht. In diesem Fall müsse man mit Beweisen operieren. Ein Phänomen aus der Mathematik soll den Unterschied erhellen. Es geht um eine Regelmäßigkeit, die sich zeigt, wenn man die ungeraden Zahlen der Reihe nach summiert und die Zahl betrachtet, die jeweils herauskommt:

$$1 + 3 = 4$$
$$1 + 3 + 5 = 9$$
$$1 + 3 + 5 + 7 = 16$$
$$1 + 3 + 5 + 7 + 9 = 25$$

Die ungeraden Zahlen ergeben zusammengerechnet die Quadratzahlen, und zwar eine nach der anderen:

$$4 = 2 \times 2$$
$$9 = 3 \times 3$$
$$16 = 4 \times 4$$
$$25 = 5 \times 5$$

Ist das immer so? Man kann dies noch einige hunderttausend Male
fortsetzen, und kann dann irgendwann sagen, nun gut, ich habe
jetzt genug Beispiele. Aber so ganz zufrieden wird man auf diese
Weise mit der Sache nicht. Erst wenn man den *Grund* erfahren hat,
erst, wenn man sieht, *weshalb* es diese Regelmäßigkeit gibt, hat
man die Angelegenheit wirklich verstanden. Insofern führt ein
deduktiver Beweis nicht nur zu einem äußerlichen Wissen über
Regelmäßigkeiten, sondern auch zu einem tieferen Verständnis.
Der Nachteil ist allerdings, dass solche Beweise recht umständlich
sind. Im Fall der Zahlenreihe ist es nicht viel besser.

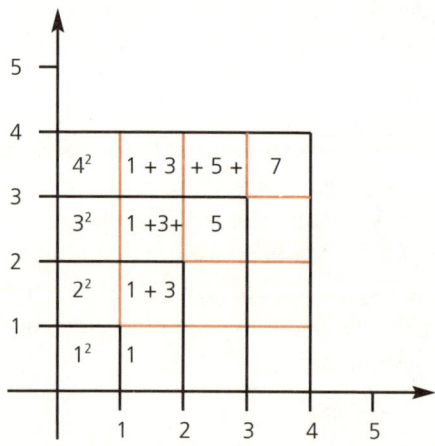

Der Beweis erfolgt geometrisch. Man hält sich dabei zunächst an
die rechte Seite der Gleichung, an die Quadratzahlen. Sie werden

durch die Quadrate im Koordinatensystem repräsentiert. Nun sieht man sich in der Zeichnung an, aus welchen kleinen Quadraten die großen aufgebaut werden. Bei 1 ist dies ein einziges Quadrat, denn $1^2 = 1$. Bei $2^2 = 4$ setzt sich das Quadrat aus dem ursprünglichen Quadrat zusammen und aus drei weiteren, wie in der Gleichung $1 + 3 = 4$ angegeben. So kann man fortfahren und sieht, dass man, um von n^2 nach $(n+1)^2$ zu gelangen, genau oben einen Balken mit n Kästchen und rechts einen mit n Kästchen und dann noch eins in die rechte obere Ecke legen muss. Also insgesamt 2n+1 Kästchen. So erhält man die gewünschte Aussage.

So viel zu der Zahlenreihe. Ich habe sie bei Leibniz gefunden, der sie in einem Brief an Sophie Charlotte von Hannover (1668–1705) diskutiert, mit der Leibniz jahrelang in Briefkontakt stand. Die feinsinnigen Gedanken des Philosophen haben der Dame sicher gefallen, zumal die Demonstrationen und Beweise bei Hofe viel gröber waren. Einmal leistete ihr der Herzog von Holstein Gesellschaft, der in Liebe zu ihr entbrannt war. Um sie zu beeindrucken, kam ihm nichts anderes in den Sinn, als auf ihr Wohl ein riesiges Glas Bier in einem Zug zu trinken. Doch die Demonstration ging schief, der Humpen überstieg die herzöglichen Kräfte und er musste die Brühe wieder von sich geben. Weil die Leidenschaft groß war, setzte der Herzog erneut an, wie Sophie Charlotte schreibt: »Er soff es noch einmal, um mir die Passion zu beweisen, die er für mich hegte.«

Literatur

Für eine Übersicht siehe den Artikel *Beispiel im Historischen Wörterbuch der Rhetorik*, Bd. 1, Tübingen 1992. Auf das *Exempel*, eine Sonderform des Beispiels, geht der entsprechende Artikel in der *Enzyklopädie des Märchens*, Bd. 4, Berlin, New York 1984 ein. Wer Näheres über das Photonenschachtelexperiment wissen möchte, sei auf die (englische) Website cfa-www.harvard.edu/~lli/personal/images/science/bohr_einstein.html verwiesen, die unter anderem auch ein sprechendes Photo von Einstein und Bohr bietet.

7. Präzisieren und Definieren

HERR LOHSE Ich werde von nun an meine Arbeitskraft äh – ganz – äh –
der Familie zur Verfügung stellen.
LOHSE JUNIOR Soll das heißen, du bist pensioniert?
HERR LOHSE Äh, ja! – sozusagen.

Wer präzisiert, wie hier Herr Lohses Sohn in der Szene aus *Pappa
ante portas*, ersetzt eine Formulierung durch eine zweite, die weniger Spielraum für Interpretationen lässt. Das lateinische Verb *praecidere* bedeutet so viel wie abschneiden. Ein solches Abschneiden ist nicht nur in Alltagsdebatten, sondern auch in philosophischen Diskussionen nützlich, wie folgender Dialog belegt, der sich zwischen dem Sozialphilosophen Jürgen Habermas und dem gelernten Schreiner und Wissenschaftstheoretiker Karl Popper abspielte. Habermas lieferte folgende Steilvorlage: »Theorien erweisen sich für einen speziellen Gegenstandsbereich dann als brauchbar, wenn sich ihnen die reale Mannigfaltigkeit fügt.« Karl Popper reduzierte diesen Satz auf seinen Kern: »Theorien sind auf ein spezielles Gebiet dann anwendbar, wenn sie anwendbar sind.«

Technisch funktionieren Präzisierungen entweder so, dass eine Formulierung in eine zweite übersetzt wird: »Was du eigentlich sagen willst, ist …«, oder aber durch Unterscheidungen: »Du meinst nicht dies, sondern das.« Präzisierungen sind nicht nur für den Angriff nützlich, sie helfen auch bei der Verteidigung:

HERR MEIER Du bist schon wieder zu spät. Mir scheint, du hast Probleme mit Vereinbarungen.
MEIER JUNIOR Nein, mit Vereinbarungen nicht, aber mit Verordnungen.

Eine Vereinbarung wird in beiderseitigem Einvernehmen getroffen, Verordnungen hingegen werden von nur einer Person festgesetzt. Ob das eine oder das andere vorliegt, kann deshalb durchaus einen Unterschied machen.

Wörterwelten

Präzisierungen sind im täglichen Streit nützliche Instrumente. Sie können auch durch den Wunsch motiviert sein, sich möglichst genau und differenziert auszudrücken und die Verständigung auf eine sichere Grundlage zu stellen. Viele philosophische Untersuchungen sind von dieser Art.

Auf den Außenstehenden wirken sie oft ziemlich umwegig und umständlich. Gibt es nicht ein einfaches Rezept, um Eindeutigkeit herbeizuführen? Man muss doch nur dasjenige, was man meint, vorzeigen, wie ja auch im Lesebuch der Grundschule auf der einen Seite die Bilder mit den *Sachen* zu sehen sind und auf der anderen Seite die *Wörter*, die ›für die Sachen stehen‹.

Die Bedeutung eines Wortes lässt sich aber nur selten direkt, durch Vorzeigen von Beispielen festlegen – meist ist ein Vergleich mit anderen sinnverwandten Wörtern nötig, ähnlich, wie man auch einen Menschen besser kennenlernt, wenn man mit seiner Familie bekannt wird.

Wenn z. B. ein Schüler im Schulzeugnis unter Chemie, Physik und Mathematik ein ›Mangelhaft‹ vorfindet, so sagt ihm diese Note für sich genommen nur, dass seine Leistungen mit Mängeln behaftet sind, was eigentlich eine Selbstverständlichkeit ist. So gesehen kann er sich trösten und sagen: ›Nichts ist vollkommen!‹ Die Bedeutung der Note hätte er damit allerdings nicht erfasst, denn die ergibt sich erst aus ihrem Stellenwert in der Reihe der übrigen Noten.

Ähnlich ist es mit den Wörtern, die in philosophischen Diskussionen auftauchen. Ihre Bedeutung lässt sich isoliert gar nicht sichern, sondern nur im Vergleich mit anderen, sinnverwandten

Wörtern. Das Minimum ist dabei die Gegenüberstellung zweier Formulierungen, die ähnliche, aber nicht identische Bedeutung haben. Dieses Verfahren lässt sich ausdehnen: Man kann Wörter im Kreis ihrer Verwandten aufstellen, um ihren Sinn zu bestimmen.

So jedenfalls sind jene Philosophen und Grammatiker vorgegangen, die sich den feinen Unterschieden in der Sprache widmeten. Sie beschäftigten sich mit den *Synonymen*, den, so kann man übersetzen, gleichbedeutenden Wörtern einer Sprache. Der Erste, der sich mit der Erforschung von Synonymen befasste, war ein Sophist namens Prodikos von Keos (5. Jhd. v. Chr.), vielleicht der Lehrer des Sokrates. Seither flackerte das Interesse an den feinen Nuancen immer wieder auf – aber erst im 18. Jahrhundert, im Zeitalter der Aufklärung, erwachte eine flächendeckende Begeisterung für die Synonyme. Den Anfang machte in Frankreich der Abbé Girard (1677–1748), dessen Werk über *Die Genauigkeit der französischen Sprache* zum Vorbild vieler späterer Synonymenlexika wurde. Der gebildete Mensch, so Girard, hört genau hin auf die feinen Schattierungen der Wörter und weiß seine Gedanken und Gefühle ganz präzise auszudrücken – eben dadurch unterscheidet er sich vom Ungebildeten. Der Prüfstein sind die Synonyme – jene Wörter, von denen der Ungebildete denkt, dass sie im Grunde genau dasselbe bedeuten, während der Gebildete Unterschiede feststellt und in seinem Denken und Sprechen berücksichtigt.

Girards Werk machte auf die Zeitgenossen großen Eindruck und wurde vor allem von den Aufklärern begeistert gefeiert. Auch die feine Gesellschaft wurde aufmerksam – ein Zeitgenosse sprach sogar von einem Synonymenfieber und meinte, dass ganz Paris sich mit Wortuntersuchungen beschäftige. Die Welle verbreitete sich rasch. In Deutschland folgte Samuel Johann Ernst Stosch (1714–1796) dem Vorbild Girards. Er ließ 1770 seinen *Versuch in richtiger Bestimmung einiger gleichbedeutenden Wörter der deutschen Sprache* erscheinen. Im Verlaufe seines Unternehmens stellte Stosch fest, dass es eigentlich überhaupt keine gleichbedeutenden Wörter gibt und sprach in den folgenden Bänden des Werkes nur noch von

»ähnlichbedeutenden« Wörtern. Auch zwischen zwei anscheinend ganz gleichwertigen Wörtern wie ›umsonst‹ und ›vergeblich‹ vermag der scharfsinnige Stosch einen Unterschied festzustellen: »Der Gelehrte schreibet umsonst, wenn er weder für seine Arbeit bezahlt wird, noch sich dadurch einigen Beifall erwirbt ... Vergeblich, wenn er dadurch den Zweck nicht erreicht, den er sich vorgesetzt hatte, und nichts ausrichtet.« Stoschs eigenes Werk war sicher nicht vergeblich: Er wurde mit seinem Buch, das voller Lebensklugheit und überraschender Einsichten steckt, zum Begründer der deutschen Synonymenforschung. Er entdeckte Feinheiten im Wunderwerk des Wortschatzes, mit denen man gar nicht gerechnet hatte. Hören sich die Wörter ›glatt‹, ›eben‹, ›platt‹ und ›flach‹ nicht völlig identisch an? Bezeichnen sie nicht einen eindeutigen, geometrischen Tatbestand? Sollte man die Vielfalt dieser Wörter nicht lieber wegbügeln als unnütze Faltenwürfe im Gewand der Sprache? Nein, stellt Stosch fest, sie alle unterscheiden sich: »Glatt ist der Gegensatz von rauh. Eben ist der Gegensatz von höckrig. Platt ist der Gegensatz von erhoben und flach ist der Gegensatz von hoch oder tief.«

Stoschs Entdeckungen im Land der Wortbedeutung, wo die Nuance alles ist, waren Frucht einer geselligen Wissenschaft: Er legte seine Überlegungen dem Familienrat beim Abendbrot vor, diskutierte darüber, machte Notizen, die er dann Freunden vorzeigte und anschließend wieder überarbeitete. Die Suche nach einer treffenden Unterscheidung ist ein unterhaltsames Spiel, ähnlich dem Rätselraten. Eine strenge Methode fehlt, ja, es scheint, dass ein gewisser Dilettantismus Voraussetzung des Erfolges ist. Außer der Luther-Bibel hat der Prediger Stosch nur sehr wenig Literatur bei der Abfassung seines Buches herangezogen. Dabei hat er viele wunderschöne Unterscheidungen getroffen, darunter auch diese über den Unterschied von zufrieden und vergnügt: »Man ist zufrieden, wenn man dasjenige erlanget, was man begehret: Vergnügt, wenn man nichts weiter verlanget.«

Definieren

Die Definition ist eng verwandt mit der Präzisierung. Auch hier geht es darum, die Bedeutung eines Wortes festzulegen. Doch eine Definition hat eine strengere Form: Denn Definitionen sind nicht nur Feststellungen, sondern zugleich Verabredungen. Es wird vereinbart, dass eine bestimmte Bedeutung von nun an in einem bestimmten Kontext gelten soll. Definitionen funktionieren normalerweise nicht ohne Vereinfachungen. Nuancen gehen in der Regel verloren, was durch den Gewinn an Klarheit wieder wettgemacht wird. Seit alters her ist das Definieren eine der Hauptbeschäftigungen der Philosophen, was die Zeitgenossen höchst komisch fanden, wie ein Fragment aus einer antiken Komödie beweist:

A Wie steht's mit Platon, Speusippos, Menedemos? Was ist jetzt ihr Geschäft?

B Oh, da weiß ich Bescheid. Ich sah die Schar der Jungen am Übungsplatz in der Akademie, und hörte ihre unsäglichen Reden: Definitionen über Natur. Sie prüften auch den Kürbis, welcher Gattung er wohl angehöre. Zuerst standen sie schweigend, beugten sich nieder, meditierten. Auf einmal sagte einer: Ein rundes Gemüse! Ein anderer schrie: Ein Kraut! Der dritte rief: Ein Baum! Ein sizilianischer Arzt, der auch dort stand, lachte und meinte: ›Die sind doch verrückt.‹

A Da wurden sie doch sicher mächtig bös? Denn im Hörsaal ziemt sich so etwas nicht.

B Ach wo, denen machte das nichts aus. Und Platon, der dabeistand, sagte ganz sanft und ohne Zorn: Also, noch mal definieren von Anfang an ... Was ist ein Kürbis? Und sie teilten weiter ein ...

Tatsächlich ist es möglich, dass sich Platon (428–348 v.Chr.) und seine Schüler zur Übung auch einmal mit der Definition des Kürbisses beschäftigt haben. Meistens waren es aber ernsthafte oder gar höhere Dinge, mit denen man sich befasste. Die *Tugend* war ein bevorzugter Gegenstand der Debatten. Nicht nur in dem Sinne, dass man Moral gepredigt hätte. Vielmehr ging es um die Frage, was Tugend überhaupt ist. Um eine Tugend, genauer gesagt, um die Tapferkeit geht es auch in einem frühen Dialog des Platon mit dem Titel *Laches*, der allerdings nichts mit Lachen zu tun hat. Die Unterhaltung spielt sich ab zwischen Sokrates und zwei athenischen Feldherren. Der eine von ihnen trägt eben jenen für unsere Ohren etwas sonderbaren Namen Laches. Der andere Militär heißt Nikias. Die Existenz der beiden ist historisch belegt. Veranlassung zu dem Gespräch gibt ein schon etwas betagter Aristokrat namens Lysimachus.

Was ist das eigentlich für ein Ding, die Tapferkeit? Um diese Frage dreht sich das Gespräch. Eine für uns vielleicht befremdliche Frage. Die Tapferkeit wirkt antiquiert. Zwar war sie vor einigen Jahren unter dem Titel der ›Leidensfähigkeit‹ noch populär. Heute könnte man eher die Flexibilität als grundlegende Tugend ansehen. In der sehr militärischen Gesellschaft des alten Athen, in der alle paar Jahre ein Krieg geführt wurde, gab es andere Werte. Bereits die Erziehung der Kinder war im Wesentlichen eine Militärerziehung. Die griechischen Gymnasien, welche reine Jungenschulen waren, boten zwar auch Unterricht in Philosophie, Musik und Grammatik. Kern des Lehrplanes war jedoch die Leibesertüchtigung.

Die beiden Generäle, die sich mit Sokrates unterhalten, unterscheiden sich beträchtlich – Laches ist eher ein alter Haudegen, während Nikias gebildeter und gewandter auftritt. An den Haudegen wendet sich Sokrates zuerst. Und stellt ihm die Frage: »Was ist eigentlich Tapferkeit?« Laches antwortet mit einem Beispiel: »Wenn einer entschlossen ist, in Reih und Glied standhaltend sich gegen die Feinde zu wehren und nicht flieht, der ist gewiß ein tapferer Mann.«

Sokrates bemängelt an dieser Erläuterung die mangelnde Allgemeinheit. Denn es gebe doch auch Fälle von Tapferkeit außerhalb des militärischen Bereichs. Es könne doch einer auch beim Ertragen einer Krankheit tapfer sein oder auf einer Seefahrt. Daraufhin versucht sich Laches noch einmal an einer Definition, und diesmal erklärt er: »Tapferkeit ist die irgendwie beschaffene Festigkeit der Seele.« Aber auch damit ist Sokrates nicht zufrieden. Er findet ein Gegenbeispiel. Festigkeit der Seele könne doch auch vernunftlose Sturheit bedeuten! Daraufhin bessert Laches noch einmal nach. Jetzt ist Tapferkeit die *vernünftige* Festigkeit der Seele. Aber auch damit ist Sokrates nicht zufrieden – und er findet auch in diesem Fall Gegenbeispiele: wenn etwa ein Arzt einem Kind, das eine Lungenentzündung hat, bestimmte Wünsche nicht erfüllt, obwohl er es normalerweise gern täte – so zeigt er durchaus eine vernünftige Festigkeit der Seele. Dennoch ist er kaum tapfer zu nennen.

Daraufhin gibt Laches erst einmal auf, nicht ohne seinem Ärger über solche Haarspaltereien Luft zu machen: »Ich bin entschlossen, mein Sokrates, nicht vor der Zeit abzulassen, doch bin ich an solche Untersuchungen nicht gewöhnt. Aber es hat mich im Hinblick auf deine Worte sogar ein gewisser Ehrgeiz erfaßt, und es ärgert mich wirklich, wenn ich so wenig imstande bin, zu sagen, was ich denke. Ich glaube nämlich zu wissen, was die Tapferkeit ist; seltsamerweise aber ist sie mir soeben entschlüpft, so daß ich sie nicht mit Worten erfassen kann und sagen, was sie ist.« Sokrates entgegnet, dass auch der Versuch, die Tapferkeit zu bestimmen, selbst eine gewisse Tapferkeit verlange, und ermuntert seinen Gesprächspartner, dranzubleiben. Daraufhin meldet sich Nikias. Er trumpft mit einer eleganten Definition auf, und erklärt, Tapferkeit sei »Wissen um das, was man zu fürchten hat und was nicht, sei es nun im Kriege oder anderswo.« Doch kaum hat er das gesagt, da meldet sich Laches, und erklärt, diese Definition sei lächerlich, da Wissen und Tapferkeit auf ganz verschiedenen Ebenen lägen. Und nun wendet er selbst die Praktik an, die eben von Sokrates gegen ihn eingesetzt wurde und nennt ein Gegenbeispiel. Ein Arzt oder ein Bauer, sagt er, hätten doch sehr wohl klare Einsicht in das, was in ihrem Gebiete zu fürchten ist und was nicht – Krankheiten etwa und Hagelwetter, deshalb mache diese Einsicht sie aber noch lange nicht tapfer.

Der Ball wird dann noch einige Male hin- und hergeworfen – und schließlich stellt sich heraus, dass auch Nikias seine These nicht durchfechten kann. Wenig später bricht der Dialog ab – eine definitive Lösung wurde nicht gefunden. Resultat des Gespräches ist, in den Worten des Sokrates: »Nikias' Antwort umfaßte also etwa ein Drittel der Tapferkeit, und doch fragten wir nach der *ganzen* Tapferkeit, was die wäre.«

Man hält also am Ende fast gar nichts in den Händen. So ist es oft in den platonischen Dialogen, viele Wege hören dort unvermittelt auf, enden im Nichts oder in Widersprüchen. Das ist schon den Zeitgenossen aufgefallen, die natürlich in den ganzen Definierübungen weiter nichts als einen völlig zwecklosen Zeitvertreib sahen, und deshalb den Philosophen für jemanden hielten, der sich auf weihevolle Art und Weise mit Kürbissen befasst.

Der Sinn von Definitionen

Müssen Definitionsdiskussionen immer so umständlich sein? Ob man mit dem Definieren fertig wird, hängt davon ab, welches Ziel man verfolgt. Will man eine Definition finden, die alle einschlägigen Fälle umfasst und nur diese, dann wird es eine langwierige Sache. Denn die Wörter einer lebenden Sprache sind ständig im Fluss, so dass eine Definition, welche die Bedeutung in einen einzigen Satz bannt, bestenfalls eine verkürzende Momentaufnahme bieten kann.

Viele Definitionen treten aber gar nicht mit dem Anspruch auf, die fein verästelte Bedeutung einer Sache auszudrücken. Vielmehr stehen oft praktische Gesichtspunkte im Vordergrund. Man möchte sich für einen bestimmten Zweck auf eine bestimmte Bedeutung einigen – auch wenn man eingesteht, die Bedeutung eines lebenden Wortes in der Alltagssprache damit nicht ausschöpfen zu können. Dann wird die Definition durch Beschluss getroffen.

Wie man dabei vorgeht, kann man an den Vorschriften für die Verleihung von Kriegsorden sehen. Für solche Orden benötigt man keine umfassende Definition der Tapferkeit. Es ist von vornherein klar, dass es nicht um Tapferkeit in *allen* Fällen gehen kann. Vielmehr werden in der Regel Kriterien aufgestellt, die für das Vorliegen großer Tapferkeit im Krieg für ausreichend erachtet werden. Wenn sich diese Kriterien leicht anwenden lassen und die geordnete Verleihung der Orden an tapfere Leute damit sichergestellt werden kann, erfüllt die Definition ihren Zweck, auch wenn sie philosophisch gesehen vielleicht völlig oberflächlich ist. Damit es nicht allzu militärisch wird, betrachten wir als Beispiel einen Damenorden, und zwar den österreichischen Orden mit dem hübschen Namen *Sklavinnen der Tugend*. Dieser wurde im Jahre 1662 gestiftet, und zwar durch Eleonora (1630–1686), die Gemahlin von Kaiser Ferdinand III. Obwohl es der Name nicht vermuten lässt, war der Orden als eine Art Tapferkeitsauszeichnung gedacht. Und zwar für Tapferkeit unter besonders schwierigen Bedingungen – auf dem Gebiete der erotischen Anfechtungen nämlich. Solche waren bei Hofe allgegenwärtig. Die Stifterin des Ordens hatte es sich daher zum Ziel gesetzt, »die reine Tugend mitten im Geräusche des großen Weltlebens zu erhalten und ihre unüberwindlich herrschende Kraft dem Laster anschaulich zu machen.«

Nun ergab sich freilich sofort ein Problem: Wem soll und darf der Orden verliehen werden? Wer ist eine tugendhafte Person? Die Majestät, die den Orden gestiftet hatte, wusste Rat. Sie schuf eine Definition, die vielleicht unter theoretischen Gesichtspunkten weniger gelungen scheint, aber praktisch gut funktionierte. Unter den Merkmalen, an denen man die tugendhafte Person erkennen könne, war ihrer Ansicht nach das Wichtigste, dass die Dame, welcher der Orden verliehen wird, »von hoher Geburt und aus vornehmem Hause ist«. Denn der edle Stand schien eine Vorbedingung der Tugend zu sein – und war überdies einfach feststellbar. Das zweite Kriterium war eher vage: Der ehrbare Lebenswandel der Dame musste »mindestens durch Gerücht« bekannt sein. Einen Sokrates hätten diese Bestimmungen wohl kaum zufriedengestellt. Dennoch waren sie für die praktische Entscheidung, wem der

Orden verliehen werden soll, ausreichend. Von 1662 bis 1675 wurden immerhin 72 Damen Mitglied des Ordens.

Zwischen den anspruchsvollen Definitionsexpeditionen des Sokrates und der Festlegung der Kaiserin Eleonora eröffnet sich ein weites Feld. Die Brauchbarkeit einer Definition bemisst sich daran, ob sie es gestattet, auf eine bestimmte Frage eine Antwort zu geben. Nehmen wir etwa das Eichhörnchenrätsel, von dem der amerikanische Psychologe William James (1842–1910) erzählt. Dabei geht es um einen Spaziergänger, der ein Eichhörnchen erblickt, das gerade an einem Baumstamm unterwegs ist. Der Mann beschließt, das Eichhörnchen näher zu betrachten, und stellt ihm nach. Doch das flinke Tier weicht immer wieder zurück, so dass stets der Stamm zwischen Eichhörnchen und Spaziergänger bleibt, und der gefoppte Spaziergänger schließlich den ganzen Baum umrundet, ohne vom Eichhörnchen mehr zu sehen als zwei Äuglein und zwei spitze Ohren, die hinter dem Stamm hervorlugen. Daraus ergibt sich nun folgendes Problem: Läuft der Mann um das Tier herum oder nicht?

Wie ist die Frage zu beantworten? Die meisten entscheiden sich schnell für eine Version – entweder scheint offensichtlich, dass der Spaziergänger durchaus um das Tier herumläuft, oder aber man sagt, nein, er läuft höchstens um den Baum herum. Der Schlüssel zur Lösung ist die Definition. Denn das Wort ›um etwas herumlaufen‹ kann in zweierlei Sinn verwendet werden. Wenn man sich darunter vorstellt, dass einer Schritt für Schritt eine bestimmte Position, etwa südlich, dann westlich, dann nördlich und dann östlich zu einem bestimmten Gegenstand einnimmt, dann ist der Mann durchaus um das Tier herumgelaufen. Stellt man sich aber vor, dass einer, der um etwas herumläuft, dieses Etwas erst von vorn, dann von der Seite, dann von hinten und schließlich von der anderen Seite zu sehen bekommt, dann wäre der Mann in dem Beispiel nicht um das Eichhörnchen gelaufen, da das Eichhörnchen ja auf einer konstanten Flucht vor ihm war und sich immer in derselben Position befand.

Wer also den Streit klären will, muss zunächst eine Verabredung treffen.

In dieser Weise könnte man also das Eichhörnchen-Problem auflösen, wenn da nicht immer diejenigen wären, die darauf bestehen, man müsse herausfinden, ob der Mann nun *wirklich* um das Eichhörnchen herumgelaufen sei oder nicht. Allerdings – was wirklich passiert ist oder nicht – das hängt zum Teil eben auch an der Bedeutung gewisser Wörter, die man verwendet und die man durch eine Definition festlegen kann.

Arbeitslos?

Definitionen sind nicht nur bei der Lösung mancher Rätsel nützlich, sie haben auch eine erhebliche Bedeutung für zahlreiche öffentliche Diskussionen. Das liegt vor allem daran, dass Definitionen die Voraussetzung für Statistiken sind. Und Statistiken sind die Grundlage für zahllose Debatten. Je nach Definition kann man die unterschiedlichsten Statistiken erzeugen. Der Begriff der Arbeitslosigkeit zum Beispiel bietet Spielraum für eine ganze Reihe von Definitionen, die sich alle vertreten lassen, und je nach Definition kommt jedes Mal eine andere Zahl heraus. Für die Bundesanstalt für Arbeit in Nürnberg ist zum Beispiel arbeitslos, wer

- mehr als 18 Stunden in der Woche arbeiten will,
- nicht nur vorübergehend Arbeit sucht,
- älter als 15 und jünger als 65 Jahre ist
- und dem Arbeitsmarkt sofort zur Verfügung steht.

Ein Rentner von 70 Jahren, der vergeblich nach einer Stelle sucht, kann also hierzulande nicht als arbeitslos eingestuft werden. Tatsächlich widerspricht die offizielle Definition dem intuitiven Begriff von Arbeitslosigkeit. Intuitiv stellt man sich unter einem Arbeitslosen jemanden vor, der gegen Geld arbeiten will, ganz gleich wie lange, aber keinen Job findet. Diese ›intuitive‹ Definition ist weiter als die offizielle – sie umfasst auch die nicht mehr registrierten Arbeitswilligen – zum Beispiel die Hausfrau, die 10 Stunden pro Woche in einer Modeboutique arbeiten will. Würde sich nicht auf der Grundlage dieser Definition die Arbeitslosenzahl beträchtlich erhöhen?

Die ganze Sache wird dadurch noch kompliziert, dass bei den amtlichen Statistiken in aller Regel gar nicht die Arbeitslosenzahl, sondern die Arbeitslosen*quote* ausgewiesen wird. Diese wird gebildet aus dem Quotienten der Arbeitslosen und der Anzahl derjenigen, die Arbeit haben. Damit verdoppelt sich das Problem: Denn wie definiert man den, der Arbeit hat? In Deutschland gilt derzeit noch eine Definition, wonach z. B. Selbstständige, Beamte oder Soldaten nicht zu den ›Erwerbspersonen‹ zählen und somit auch bei der Ermittlung der Arbeitslosenquote nicht mitgerechnet werden.

So ergibt sich eine einfache Maßnahme, die Arbeitslosenquote zu senken: Man müsste einfach die Zahl der Erwerbstätigen durch eine geeignete Definition erhöhen. Dann sinkt umgekehrt die Arbeitslosenquote. Ein Verfahren, das anderswo bereits erfolgreich praktiziert wurde: In Großbritannien sank im Jahre 1986 die Quote von 13,6 auf 12,2 Prozent, ohne dass auch nur einem einzigen Arbeitssuchenden zu einer Stelle verholfen worden wäre.

Beim Definieren verunglückt

Definieren ist eine schwierige Kunst – und es ist leicht, dabei Fehler zu machen. Hier eine Übersicht über einige Stolpersteine:

1. Gegenbeispiel!

Eine Definition soll begrenzen: Daher ist es naheliegend, zu testen, ob sie auch leistet, was sie verspricht. Darauf kann man die Probe machen – indem man etwas heraussucht, das eigentlich unter den Begriff fallen müsste, und zeigt, dass es *nicht* darunter fällt. Dann ist die Definition zu eng. Das ist etwa der Fall bei der allerersten Definition des Laches, der meint, tapfer seien die, die in Reih und Glied standhalten, womit er die Tapferkeit allerdings auf einen konkreten Fall aus dem militärischen Bereich einschränkt. Definitionen, die auf Beispielen beruhen, sind *immer* zu eng.

Die Prüfung, ob eine Definition andererseits zu weit ist, erübrigt sich damit allerdings nicht. Auch darauf lässt sich die Probe machen, indem man Beispiele sucht, die von der Definition einsortiert werden, obwohl sie eigentlich nicht dazugehören. So hatte Nikias vorgeschlagen, die Tapferkeit sei das Wissen darum, was zu fürchten sei und was nicht. Sein Kollege Laches bot als Gegenbeispiel den Arzt und den Bauern auf, die beide wüssten, was in ihrem Gebiet zu fürchten sei und was nicht, und die man deshalb noch lange nicht tapfer nennt. Ein noch eleganteres Gegenbeispiel formuliert Aristoteles in seiner *Magna Moralia*, einer Moralvorlesung für junge Hörer. Soldaten, so schreibt er, haben oft ein ganz bestimmtes Wissen, so wissen sie etwa, dass ihnen in einem bestimmten Gelände auch im Falle eines Angriffs unmöglich etwas passieren kann. Aufgrund dieses Wissens bewegen sie sich in solchen Gegenden ruhig, obwohl ein unerfahrener Mann vielleicht in Panik verfallen würde. Sie wissen also tatsächlich, was zu fürchten ist und was nicht. Sind die Soldaten darum tapfer zu nennen? Wohl kaum. Sie sind gelassen, weil sie auf bestimmte Erfahrungswerte zurückgreifen können.

2. Nur negativ!

Definitionen, die einem nur mitteilen, was etwas *nicht* ist, verfehlen ihr Ziel. Wer zum Beispiel erklärt: »Gut erzogen ist das, was *du* nicht bist«, der klärt nicht wirklich auf. In politischen Streitgesprächen sind negative Definitionen beliebt, weil es meist einfacher ist, zu benennen, was man *nicht* will, als sich mit Erklärungen, was man tatsächlich beabsichtigt, aus dem Fenster zu lehnen.

3. Zirkulär!

Zirkelhaft ist eine Definition, wenn das, was definiert werden soll, in den definierenden Worten irgendwie wieder auftaucht, versteckt oder offen. Beispielsweise in folgender Definition der Note ›sehr gut‹ durch die deutsche Kultusministerkonferenz:

»Die Note ›Sehr gut‹ soll erteilt werden, wenn die Leistung den Anforderungen in besonderem Maße entspricht.« Anders gesagt: ›Sehr gut‹ soll erteilt werden, wenn die Leistung sehr gut ist. Was man sich auch ohne Kultusministerkonferenz hätte denken können. Dabei könnte man die Note ›Sehr gut‹ leicht ohne Zirkel definieren, etwa so: ›Sehr gut‹ ist eine Leistung dann, wenn sie *alle* Erwartungen des Lehrers erfüllt.

›Rechts ist da, wo der Daumen links ist‹, lehrt ein populärer Kalauer, der ebenfalls wieder auf einer zirkulären Definition beruht. Das Problem lässt sich aber in diesem Fall nicht so leicht aus der Welt schaffen. Bei näherem Hinsehen stellt man fest, dass sich ›rechts‹ und ›links‹ kaum ohne Zirkel definieren lassen. Man muss es sich *zeigen* lassen, wo rechts und links ist, um den Sinn dieser Wörter zu verstehen.

4. Metaphorisch!

Ein anderer Gesichtspunkt für die Kritik von Definitionen ist die Deutlichkeit. Sie ist vor allem dann problematisch, wenn die Definition mit Bildern arbeitet. So etwa wenn die Tapferkeit als ›Perle der Tugend‹ definiert würde. Dies ist keine Definition, sondern der Versuch, eine Definition durch eine emphatische Bezeichnung zu umgehen.

5. Der Passformtest

Eine Definition hat immer die Form: ›Die Formulierung x bedeutet im Folgenden y.‹ Der Autor, der eine Definition einführt, verpflichtet sich, seine eigene Festlegung tatsächlich zu beachten. Ob er dies auch einhält, muss allerdings immer wieder kontrolliert werden. Daher ist es nützlich, in einem Text die Formulierung x in allen Sätzen, in denen sie auftaucht, rein mechanisch durch die Formulierung y zu ersetzen und sich anzusehen, was herauskommt.

Der Ersetzungstest ist vor allem für die Überprüfung und Kritik von Theorien von großem Nutzen. Denn hier ist es gar nicht so selten, dass eine Definition feierlich eingeführt – und dann sogleich wieder vergessen wird.

Wie kann man Definitionen konstruieren?

Legendär ist die Geschichte jenes Schülers, der eine Abiturklausur zum Thema »Was ist Mut?« anzufertigen hatte, nach fünf Minuten aber aufstand und dem Lehrer ein leeres Blatt reichte, auf dem unten der Satz stand: »Das ist Mut.« Was die Benotung der Arbeit angeht, so sind zwei Versionen überliefert. Nach der einen erhielt der Schüler fünfzehn Punkte. Nach der anderen erhielt er nur vierzehn Punkte, weil es grammatisch richtig heißen muss: *Dies ist Mut.*

Allerdings können Gesten nicht immer die leidige Arbeit am Begriff ersetzen. Sie sind an Situationen gebunden, während man eine Definition unabhängig von einer Situation anwenden kann. Die Arbeit wird leichter, wenn man mit irgendwelchen Vorarbeiten beginnen kann. Ein guter Ausgangspunkt ist das Konversationslexikon, das zahlreiche Definitionen enthält.

Wer definieren will, muss, unabhängig von dem Zweck, den er verfolgt, zunächst *Beispiele* suchen. *Das Sammeln ist der Anfang der Definition.* Gerade Grenzfälle sind dabei aufschlussreich. Nicht anders gehen auch die Gesprächspartner in Platons Dialogen vor. Aus der Beschäftigung mit der Sammlung von Fällen, dem Vergleich, dem Ordnen und vielleicht auch aus dem Umsortieren entsteht allmählich die Definition – zumindest eine Annäherung, die dann verbessert werden kann. Man bildet Reihen und Serien und aus diesen leuchtet allmählich der verbindende Begriff hervor.

Auf diese Weise sind wichtige wissen-

schaftliche Einteilungen entstanden – nicht nur in der Botanik und in der Zoologie, sondern ebenso in der Medizin oder in der Chemie. Von Dimitri Iwanowitsch Mendelejew, dem bereits erwähnten Entdecker des Periodensystems, dessen derwischartige Erscheinung in vielen Chemiebüchern abgebildet ist, wird überliefert, dass er auf seinen langen Eisenbahnfahrten durch Russland eine Art Patience (Kartenspiel für eine Person) legte, bei dem er seine Karten mit den Eigenschaften der chemischen Elemente immer wieder neu ordnete. So entstanden am Ende nicht nur Stoffgruppen, sondern sogar das ganze periodische System der chemischen Elemente, das Herz der Chemie.

Mehrdeutigkeit

Definitionen dienen dazu, Mehrdeutigkeit in Eindeutigkeit zu verwandeln. Restlos ist das aber nicht möglich. Das wäre auch gar nicht wünschenswert. Denn mehrdeutige Wörter haben durchaus einen Zweck. Nicht nur sind sie Bedingung der Möglichkeit von Höflichkeit und gutem Ton – sie sind auch ein wichtiger Rohstoff für Witz und Unterhaltung:

Kommt eine schwangere Frau zum Bäcker: »Ich krieg 'n Brot.«
Sagt der Bäcker: »Sachen gibt's!«

Wörterspiele

Beim Synonymenknobel geht es um die Scheidung von eng beieinanderliegenden Bedeutungen. Das Teekesselchenspiel dagegen beruht auf Wörtern, die zwei Bedeutungen haben (sogenannte Homonyme).

Synonymenknobel

Heutige Synonymenlexika verzichten leider meist auf den Versuch, Bedeutungsschattierungen zu erläutern. Sie begnügen sich damit, Alternativen für die Formulierung ins Gedächtnis zu rufen. Hier einige Beispiele aus dem anspruchsvolleren Stosch'schen Wörterbuch. Sie können dazu anregen, feinen Unterscheiden nachzuspüren:

1. Hoffnung. Vertrauen. Zuversicht
2. Aufmerksamkeit. Achtsamkeit. Bedachtsamkeit
3. Denken. Sinnen.

Lösung (angelehnt an Stosch): 1. Die Hoffnung erwartet etwas Positives. Das Vertrauen entsteht, wenn man einige Gründe hat, etwas Positives zu erwarten, und die Zuversicht entsteht aus sicheren, überzeugenden Gründen. 2. Der Aufmerksame will behalten, was ihm gesagt wird, der Achtsame will es nutzen, der Bedachtsame überlegt, ehe er handelt. 3. Das Denken ist bewusster und geordneter, das Sinnen weniger zielgerichtet.

Teekesselchen

Beim *Synonym* haben zwei Wörter (scheinbar) eine Bedeutung. Beim Homonym liegt das Gegenteil vor – ein Wort hat zwei Bedeutungen: ein Quartett ist nicht nur ein Kartenspiel, und die Krone wird nicht nur Königen, sondern auch Zähnen aufgesetzt.

Es gibt eben, wie schon Aristoteles feststellte, mehr Dinge als Wörter, deshalb müssen manche Wörter mehrere Aufgaben übernehmen. Darauf beruht das Teekesselchenspiel, ein beliebter Familien-Tranquilizer im Autobahnstau. Zwei Spieler verständigen sich auf ein doppeldeutiges Wort, das sie den anderen in Umschreibungen vorstellen, etwa so:

FRAU MEIER Mein Teekesselchen kann man kaufen.
MEIER JUNIOR Mein Teekesselchen auch.

FRAU MEIER Mein Teekesselchen kann man streicheln.
MEIER JUNIOR Mein Teekesselchen auch.

FRAU MEIER Mein Teekesselchen kann sich bewegen.
MEIER JUNIOR Mein Teekesselchen auch.

FRAU MEIER Mein Teekesselchen knabbert gern Käse.
MEIER JUNIOR Mein Teekesselchen hat nie Hunger.

FRAU MEIER Mein Teekesselchen gräbt Löcher.
MEIER JUNIOR Mein Teekesselchen rollt auf einer Gummimatte.

Lösung: Die Maus

Literatur

Die beste Einführung in die Fragen von Präzision und Definition ist Arne Naess, *Kommunikation und Argumentation*, Kronberg 1975. Über die Bedeutung von Wörtern informiert der alte *Grammatikduden* besser als der neue: Empfehlenswert sind die Ausgaben zwischen 1966 und 1986, und darin Helmuth Gipperts Kapitel über den *Inhalt des Wortes und die Gliederung des Wortschatzes*. Der einzige neuere Text über den zu Unrecht vergessenen Samuel Stosch muss erwähnt werden, da er versteckt ist: Uwe Pörksen, *Lexikalischer Reichtum*, in: Pörksen, *Wissenschaftssprache und Sprachkritik*, Tübingen 1994. Gute Beispiele, wie Sprache eingesetzt werden kann, um Sachverhalte zu verschleiern, finden sich bei Wolf Schneider, *Deutsch für Profis. Wege zu gutem Stil*, München 1999.

Zum Thema Definitionen in der öffentlichen Diskussion informiert Walter Krämer, *So lügt man mit Statistik*, München 2000. Eine kluge zusammenfassende Darstellung der verschiedenen Formen der Definition liefert der Artikel *Beschreibung* im *Historischen Wörterbuch der Philosophie*, Bd. 1, Basel 1971.

8. Bilder

Bundestagswahlkampf 2002: In den Umfragen lag die SPD hinter der Union. Statistiken machten die Runde, Zahlen wurden genannt – aber keine vermochte die Stimmung richtig beim Schopf zu packen. Franz Müntefering, damals SPD-Wahlkampfleiter, erfand schließlich ein suggestives Bild: »Die letzten 15 Minuten haben begonnen und wir müssen noch zwei Tore schießen.« So erklärte er den SPD-Anhängern, wie die Lage ist, wo die SPD steht und was getan werden muss.

Es war das Jahr der Fußballweltmeisterschaft, in der zudem die deutsche Nationalmannschaft überraschend ins Finale eingezogen war. Doch es zeigte sich bald, dass der Vergleich seine Tücken hat – denn viele hörten nicht: Wir müssen noch zwei Tore schießen, um zu gewinnen, sondern: Wir liegen zwei Tore hinten und haben nur noch eine Viertelstunde.

Der CDU-Politiker Wolfgang Schäuble griff das Bild deshalb gerne auf. Im Spiegel-Interview erweiterte er großzügig den Abstand zwischen CDU und SPD: »Na gut, dann steht es jetzt eben 4:1.« Auch dem Kanzlerkandidaten Edmund Stoiber sagte der Vergleich zu: »Am Ende kommt der (gemeint ist Kanzler Schröder) daher und sagt: Moment, Herr Schiedsrichter, wir haben 85 Minuten lang eine falsche Taktik gespielt und liegen nur deshalb 3:0 hinten.«

Nach Stoiber ist der Spielstand also 3:0!

Schröder selbst erklärte später im Interview, er sehe sich nicht in den letzten Minuten der Partie, sondern vielmehr am Ende der ersten Halbzeit. Nachdem die Geschichte vom Fußballmatch in fast allen Variationen erzählt worden war, musste irgendwann ein neues Bild her. Zur rechten Zeit fiel es Joschka Fischer ein: »Sie haben«, beschied er die Reporter, »einen Marathonläufer vor sich, und sie wissen, der Marathon wird erst ab dem 38. Kilometer entschieden, und so manche, die vorher noch vorne dabei waren, sieht man dann nicht mehr.«

Bilder können unterhalten, belehren, anprangern oder beschönigen, je nach Absicht des Redners. Sie lassen sich vielseitig einsetzen – deshalb sind sie in allen Arten von Debatten, seien es nun politische oder wissenschaftliche, sehr beliebt. Man unterscheidet verschiedene Sorten: unter anderem Analogie, Metapher, Gleichnis und Allegorie. Beim Gleichnis liegt der Schwerpunkt auf der Geschichte. Eine Analogie ist ein abgekühltes Bild, bei dem es weniger auf den erzählerischen Reiz, sondern vor allem auf die logische Struktur ankommt. Eine Allegorie ist ein nach einem bestimmten Code konstruiertes Bild, das eher in Kunst und Literatur als in Argumentationen Verwendung findet. Eine Metapher schließlich ist ein Wort, das für ein anderes steht (z.B. Fußballspiel statt Bundestagswahlkampf). Die Übergänge zwischen diesen Typen sind aber fließend und für unsere Zwecke ist der eher vage Begriff Bild (oder Bildergeschichte) ausreichend. Immer geht es darum, dass ein Sachverhalt mit einem anderen spielerisch gleichgesetzt wird – wie etwa in dem Beispiel der Bundestagswahlkampf mit einem Fußballspiel.

Welche Vorzüge eine bildhafte Ausdrucksweise vor einer bildlosen hat, lässt sich am besten im Vergleich feststellen. Hier zwei Sätze, die dasselbe Thema zum Gegenstand haben. Zunächst die abstrakte Version aus einem Lehrbuch über *Deutsche Satzsemantik*: »Die Satzbaupläne des Deutschen sind so geartet, dass in der Regel die Einheit mit dem höchsten Informationswert, in den meisten Fällen also das Verb, am Ende steht.«

Dieses muss man mindestens zweimal durchlesen, ehe man es versteht. Wie anders klingt dieselbe Aussage, wenn sie mit einer Metapher umschrieben wird – hören wir Mark Twain (1835–1910), der in seinem schönen Aufsatz *The awful german language* (Die schreckliche deutsche Sprache) Folgendes sagt: »Wenn ein deutscher Autor einen Satz beginnt, so ist es, als tauche er in einen tiefen Ozean. Lange sieht man nichts mehr von ihm, bis er schließlich mit einem Verb im Munde wieder auftaucht.« Durch das Bild vom abtauchenden Autor wird aus der Information eine kleine Geschichte, die man unmittelbar vor sich sieht. Das Bild ist nicht nur unterhaltender, es ist darüber hinaus auch klarer.

Bilder geben einer Situation ein Gesicht. Oft wird durch ein geeignetes Bild erst klar, worum es überhaupt geht: Ein Fußballspiel wirkt übersichtlicher als ein langwieriger Wahlkampf. Ist ein Bild einmal geformt, kann es wie ein Plakat hochgehalten und weitergereicht werden. Für die Erfindung von Bildern lassen sich nur schwer Rezepte formulieren. Aristoteles meinte, ein gutes Bild sei auf einen Einfall angewiesen und Sache des Talents. Einige Grundregeln kann man aber doch angeben. So müssen die Situationen, Szenen oder Tatsachen, die man als Bild verwendet, einfacher, konkreter und durchschaubarer sein als das, was ins Bild gesetzt werden soll. Ein Bild aus einer edlen Sphäre bewirkt eine Aufwertung, ein Bild aus der unteren Schublade hingegen eine Abwertung. Wenn in einer bestimmten Diskussion bereits Bilder geprägt wurden, ist es lohnend, zu überlegen, ob sich diese nicht umfunktionieren lassen. Hier ein Beispiel, wie man dabei vorgehen kann:

Umbesetzen

Die Geschichte spielt im alten Rom, und es geht nicht um philosophische Meinungsverschiedenheiten, sondern um einen handfesten Machtkampf. Nach der Abschaffung der Monarchie kam es zu Auseinandersetzungen zwischen den adeligen Familien, den sogenannten Patriziern, und den Plebejern, dem niedrigen Volk. Die Patrizier teilten die Herrschaft unter sich auf, in ihren Händen lag ein Großteil des Reichtums der Stadt.

Die Plebejer hingegen wurden von den politischen Ämtern ausgeschlossen und waren auch sonst benachteiligt. Das schien den Patriziern nur recht, die Plebejer hingegen waren unzufrieden. Da ihnen aber klar war, dass der Staat ohne sie überhaupt nicht funktionieren konnte und insbesondere die Armee ohne die Soldaten aus dem niederen Volk bald zusammenbrechen musste, begehrten sie auf. Im fünften und vierten Jahrhundert vor Christus kam es zu den sogenannten Ständekämpfen.

Dabei trug es sich eines Tages zu, dass das sogenannte niedere Volk komplett auszog aus Rom. Man ließ sich mit Sack und Pack nieder auf dem gegenüber der Stadt gelegenen Heiligen Berg. Dort, so war der Beschluss, sollte eine neue Stadt errichtet werden – ohne die Patrizier. Denn wozu brauchte man diese faulen, nichtsnutzigen Leute, die von der Arbeit der anderen schmarotzten und die ansonsten in gut bezahlten Staatsämtern eine ruhige Kugel schoben.

Freilich wurden die Patrizier ob dieses unerhörten Auszugs nervös. Wer sollte denn die ganze Arbeit für sie machen? Wer sollte in den Krieg ziehen? Sollte man die Plebejer mit Gewalt wieder zwingen, in die Stadt zurückzukehren? Schließlich kam man überein, einen Unterhändler zu entsenden, einen verdienten Mann namens Menenius Agrippa, der selbst dem niederen Volke entstammte, es jedoch geschafft hatte, in den Patrizierstand aufzurücken. Dieser Menenius Agrippa sollte nun die Plebejer überzeugen, zurückzukommen. Vor allem sollte er dem Volk klarmachen, wie ungerechtfertigt die Vorwürfe an die Adresse der Patrizier seien.

Menenius Agrippa ging also hinaus, bestieg den Berg und erreichte das Lager, in dem sich die Plebejer niedergelassen hatten. Er wurde eingelassen, schritt zum zentralen Platz und sammelte die Menge um sich. Dann hielt er eine denkwürdige Rede. Sie bestand im Wesentlichen aus einer Bildergeschichte:

»Zu der Zeit, da im Menschen noch nicht alles so wie jetzt zusammenstimmte, sondern jedes einzelne Glied seinen eigenen Willen hatte, zürnten die übrigen Glieder darüber, daß ihre unermüdliche Arbeit dem Magen alles herbeischaffe, der Magen aber nichts anderes tue, als die Genüsse sich behagen zu lassen. Da verschworen sie sich darauf, es dem Magen zu zeigen. Die Hände führten keine Speise zum Mund, der Mund nahm keine Speise mehr an, die Zähne zermalmten keine mehr. Indem sie so dem Magen durch Hunger zusetzen wollten, zehrten sie schließlich selbst aus und der ganze Körper magerte ab. Und da hat es sich gezeigt, daß auch der Magen seine Dienste leistet, indem er die Speisen verdaut und den Gliedern neue Kraft verleiht.«

Das murrende Volk war von der Erzählung beeindruckt. Natürlich, der Magen! Die Patrizier waren dem Magen vergleichbar! Sie verdauen und verteilen. Ohne Magen sieht es auch für die anderen Glieder schlecht aus! So dachte das Volk und Menenius Agrippa war zufrieden, schien es doch, als habe er sein Ziel erreicht. Da aber stand mitten unter dem Volk ein abgerissener Plebejer auf und sagte:

»O Menenius Agrippa, sei gegrüßt. Gut hast du gesprochen vom Magen und von den Gliedern. Bedenkenswert scheint mir dein Gleichnis. Läuft es nicht darauf hinaus, daß wir die Patrizier akzeptieren sollen und ihre müßige Lebensart? Was ist doch der Magen für ein nützliches Organ! Er empfängt, aber er verteilt auch! Allerdings muß ich gestehen, daß ich deine Geschichte in einer anderen Fassung kenne. Gestatte mir, sie zu erzählen. Es ist eine dreckige Fassung, eine Proletenfassung. Doch sind wir nicht alle Proleten?« Da ging ein Raunen durch die Menge und einzelne Rufe wurden laut: »Hört, hört!«, hieß es, oder »Sag's uns!« Der Plebejer fuhr fort:

»So laßt mich also berichten. Es war zu der Zeit, da der erste Mensch geschaffen wurde. Da wollte jeder Körperteil König sein. Das Gehirn sagte: Da ich alle Arbeit mache und steuere und das Denken versorge, sollte ich König sein. Nein, sagten die Hände, da wir alle Arbeit verrichten, den Hund füttern und das Geld zählen, gebührt uns die Ehre, der König zu sein. Oh nein, oh nein, pochte das Herz, ich bin der Motor des Ganzen. Ohne mich gäbe es kein Leben, daher sollte ich König sein. Das Geschlechtsteil meinte: Da ich für die Nachkommenschaft sorge und die höchsten Freuden des Lebens schenke, müßte ich doch König sein. So meldeten nach und nach alle Körperteile ihren Führungsanspruch an. Ganz zum Schluß meldete sich das Arschloch. – Jawohl, Menenius, das Arschloch! – Alle lachten fürchterlich über den Gedanken, daß ein Arschloch König sein könnte.« An dieser Stelle gab es laute Rufe unter den Zuhörern, einzelne riefen: »Recht hat er!« andere: »Darum geht's!« Der Plebejer aber fuhr fort: »Das Arschloch ärgerte sich so sehr, daß es sich verschloß und sich weigerte zu funktionieren. Durch diesen Streik wurde der Körper vergiftet. Das Gehirn beging Fehlentscheidungen und drohte auszufallen. Die Arme wurden müde und die Finger zitterten jämmerlich. Das Geschlechtsteil wurde lustlos und erschlaffte. Alle Körperteile gerieten in große Not und beschlossen in ihrer Angst, das Arschloch zum König zu machen. So kam es, daß alle Körperteile ihre tägliche Arbeit verrichteten, das Arschloch aber nur noch herumkommandierte und einen Haufen Scheiße produzierte.«

So erzählte der Plebejer. Die Masse johlte und tobte. Er aber sprach: »Laßt euch nicht von falschen Bildergeschichtchen einlullen, die dieser Menenius Agrippa, der vom Senat bezahlt wird, uns auftischen will. Bleibt fest! Mein Gleichnis enthält mehr Wahrheit als das zurechtgemachte des Menenius! Wir wissen, was wir von den Patriziern zu erwarten haben.« So sprach der Plebejer. Menenius Agrippa aber war dunkelrot vor Zorn. Doch der Plebejer rief sogar noch: »Proletarier aller Länder, vereinigt euch! Kämpft gegen den gemeinsamen Feind!«

So zumindest berichtet es uns die Überlieferung des Titus Livius (59 v.Chr.–17 n.Chr.). Das heißt, genau genommen berichtet die Überlieferung nur über den Auftritt des Menenius Agrippa. Der Plebejer wird in den Geschichtsbüchern bis heute unterschlagen. Vielleicht hat es ihn auch nie gegeben. Wie auch immer – die Gegenfabel zeigt, wie man mit Bildergeschichten umgehen kann: Indem man ihre Elemente etwas schüttelt und neu zusammensetzt. Bis ein neues Bild entsteht, aus dem man neue Schlüsse ziehen kann.

Weiterdenken

Bildergeschichten bergen ein Risiko. Denn sie lassen sich gegen den, der sie erzählt, verwenden – wenn man nachweisen kann, dass der Geschichtenerzähler sich in der Sache, die er erzählt, gar nicht auskennt.

Dafür ein neues Beispiel, die Kuhgeschichte. Inhaltlich geht es bei der Diskussion, in die wir uns hier kurz einschalten, um die Frage, was Tatsachen sind und ob es sie überhaupt gibt. Eine philosophische Schule, der sogenannte Konstruktivismus, ist der Ansicht, dass Tatsachen letzten Endes Erfindungen sind. Eine Autorin, die dieser Richtung zuneigt, die Wissenschaftssoziologin Karin Knorr-Cetina, stellt ihrem Buch *Die Fabrikation von Erkenntnis* als Motto den folgenden Spruch voran (er stammt von der Kriminalschriftstellerin Dorothy Sayers):

»Mein Herr, Fakten sind wie Kühe. Wenn man sie scharf ansieht, laufen sie im allgemeinen weg.« Ein hübscher, bodenständiger Vergleich, in dem überdies eine überraschende Beobachtung verarbeitet ist. An eben diesem Bild setzt nun der Frankfurter Soziologe Lothar Hack an, um die Autorin vorzuführen: »So eindrucksvoll das Bild vom Sozialwissenschaftler als Kuhhirten auf den ersten Blick sein mag, jeder richtige Cowboy weiß, dass eine Kuh, die ihren Standort gewechselt hat, in der Regel immer noch eine Kuh ist (es sei denn, sie wird analytisch zerlegt: im Schlachthaus).« Hack nimmt den Vergleich ernst – und denkt ihn ein paar Zentimeter weiter. Schon zeigt sich, dass das Bild genau genommen gar nicht liefert, was es verspricht. Wobei man noch hinzufügen sollte, dass nur sehr schreckhafte Kühe weglaufen, wenn man sie anblickt. Die meisten schauen ruhig zurück und kauen weiter.

Bilder, in denen Tiere auftauchen, enthalten häufig Schwachstellen. Denn die gebildeten Schreiber, die Tiermetaphern verwenden, haben nicht immer die nötige Sachkenntnis. Das beweist auch die Redensart »hier zeigt sich die Klaue des Löwen«, mit der manche Kunstkritiker ihre Begeisterung über ein Meisterwerk ausdrücken. Offenbar ist ihnen nicht bekannt, dass der Löwe als Raubtier überhaupt keine Klauen besitzt, sondern vielmehr Pranken und an diesen Krallen. Klauen findet man hingegen beim Hausschwein und seinen Verwandten, weshalb man ja auch von der Maul- und Klauenseuche spricht.

Wörtlich nehmen

»Man kann auch den Gegner schikanieren, indem man ihn wörtlich nimmt«, schreibt Aristoteles in der *Topik*. Dabei entsteht leicht eine etwas kalauerhafte Art von Witz nach dem Strickmuster von ›sie lieh ihm ihr Ohr – hat er's schon zurückgegeben?‹ Manche Büttenreden und Kabarettshows leben geradezu davon, bildhafte Ausdrücke in Dialekten und Jargons wörtlich zu nehmen oder aneinanderzureihen.

Man kann auf diese Weise nicht nur Witze reißen, sondern auch Pathos entzaubern, wie Bertolt Brecht (1898–1956) in seinen *Fragen eines lesenden Arbeiters* vorgeführt hat: »Der junge Alexander eroberte Indien. Er allein? Caesar schlug die Gallier. Hatte er nicht wenigstens einen Koch bei sich?«

Ersetzen

Wer Bilder, die andere verwenden, kritisiert, sollte tunlichst ein eigenes anbieten. Arthur Schopenhauer (1788–1860) wandte sich gegen eine bestimmte, weit verbreitete Vorstellung des Gedächtnisses, nämlich die Idee, dass das Gedächtnis einem Container vergleichbar sei, in dem die Erinnerungen aufgestapelt sind. Schopenhauer wendet ein, dass sich dieses Bild mit wichtigen Phänomenen nicht in Einklang bringen lasse. Denn es erkläre nicht die quasi-automatische Erinnerung, die auf einen bestimmten Schlüsselreiz hin ›einschnappt‹ – etwa wenn einem eine ganze Melodie einfällt, während man die ersten Takte hört. Diese Eigentümlichkeit des Gedächtnisses wird von der Containermetapher nicht abgedeckt. Schopenhauer schlägt daher vor, das traditionelle Bild auszutauschen: »Will man von dieser Eigenthümlichkeit unseres Vorstellungsvermögens ein Bild ..., so scheint mir das richtigste das eines Tuchs, welches die Falten, in die es oft gelegt ist, nachher gleichsam von selbst wieder schlägt.« Offenbar denkt Schopenhauer an jene dicken, altmodischen Leinentischtücher, die sich, wenn sie oft genug gebügelt wurden, tatsächlich selbst zu falten scheinen. Dieses Bild erklärt, so führt Schopenhauer weiter aus, weshalb Leute, die immer wieder dasselbe denken, über ein gutes Gedächtnis verfügen: Sie bügeln ihre Erinnerungen sozusagen immer wieder nach. Andere, die vielleicht hochkreativ sind und beständig neue Einfälle haben, verfügen laut Schopenhauer oft über ein schlechtes Gedächtnis.

Sicherlich hat auch dieses Bild seine Grenzen und besonders populär ist es jedenfalls nicht geworden. Schopenhauers Überlegung zeigt aber, dass ein Bild immer bestimmte Assoziationen mit sich führt – so dass ein Bilderwechsel auch neue Ideen auslösen kann.

Pointen

Abschließen möchte ich mit einem Blick auf einen Typ der Bildergeschichte, welche bei Kabarettisten, aber auch bei Politikern immer beliebter wird. Es ist die Bildergeschichte mit Pointe, die ein Mittelding aus Rätsel, Witz und Analogie darstellt. Hier einige Beispiele:

- Sie sind doch als Tiger gesprungen und als Bettvorleger gelandet!
- Das ist die 00 Serie – zum Ins-Klo-kippen!
- Das ist Bananensoftware. Die reift beim Kunden nach.
- Mit der Bildung ist es wie mit Konfitüre. Je weniger man hat, desto mehr muss man sie breitstreichen.
- Ein Politiker hat zu Wissenschaftlern dasselbe Verhältnis wie ein Betrunkener zu einer Laterne: Er sucht Halt, nicht Erleuchtung.

In allen diesen Beispielen wird in der Pointe ein unvermuteter Zusammenhang aufgedeckt, der die Erwartungen des Lesers oder Zuhörers durchkreuzt. So kommt ein gewisser Unterhaltungswert zustande. Wird eine Meinung in einer solchen Verpackung präsentiert, dann ist sie überzeugender. Kein Wunder, dass pointierte Vergleiche vielfach verwendet werden. Nicht nur in Alltagsdebatten, sondern auch in der Philosophie, wie die folgende Bemerkung von Leibniz zeigt:

»Eben hierin unterscheiden sich die Erkenntnisse der Menschen von denen der Tiere: die Tiere sind bloß auf Erfahrung angewiesen und richten sich nach Beispielen; denn, soweit man urteilen kann, kommen sie niemals dahin, notwendige Sätze zu bilden, während die Menschen zu demonstrativen Wissenschaften fähig sind. Die Folgerungen, welche die Tiere ziehen, stehen auf derselben Stufe wie die von Empirikern, welche behaupten, daß das, was einige Male geschehen ist, auch in einem anderen ähnlich scheinenden Falle geschehen wird. Daher kommt es, daß es den Menschen so leicht ist, Tiere zu fangen, und daß die einfachen Empiriker so leicht Irrtümer begehen.«

So weit Gottfried Wilhelm Leibniz. Er war der Ansicht, der Mensch verfüge über bestimmte Erkenntnisse, die angeboren und nicht durch Erfahrung erlernt sind, zum Beispiel elementares mathematisches Wissen. Die Empiriker leugnen solche Erkenntnisse und gehen stattdessen davon aus, dass alles Wissen aus der Erfahrung stamme. Leibniz zieht nun einen Vergleich zwischen den Empirikern und den Tieren – das ist an sich noch nicht besonders spannend. Doch dann kommt der plötzliche und unvermutete Zusammenhang zwischen den Tieren, die in die Falle gehen, und den Empirikern, die sich in Irrtümer verstricken. Aus einer einfachen Analogie hat Leibniz ein frappierendes Argument gezaubert. Und zugleich hat er dem Leser die Erhabenheit der »demonstrativen Wissenschaften« vor Augen geführt. Der Gedanke überrascht – aber pointierte Argumente lassen sich natürlich ebenso widerlegen, wie andere Argumente auch.

Wie kommt man auf pointierte Vergleiche? Vielleicht kann man hier von Georg Christoph Lichtenberg lernen. Er ist berühmt für seine geistreichen Beobachtungen und Argumente. Die beruhten nicht nur auf seinem lebhaften Geist – sondern auch auf seiner emsigen Sammlertätigkeit. Was immer ihm merkwürdig vorkam oder auffiel, notierte er – zunächst ohne bestimmten Zweck. Später nutzte er dann seinen Fundus an Ideen und interessanten Details, um Glanz und Witz in seine Argumente zu bringen. So fiel ihm einmal die spanische Formulierung für die Dochtschere in die Hände (»Lichtputze« sagte man zu Lichtenbergs Zeit – man verwendete sie für das Zurückschneiden des Kerzendochtes): »Die spanische Bezeichnung für eine Lichtputze ist Despavilladéra. Man meinte, dies sei der Titel für einen Generalfeldmarschall.« So weit die Eintragung in einem der berühmten *Sudelbücher*. Später schmiedet Lichtenberg aus dieser Beobachtung ein Argument, welches er effektiv gegen einen seiner Gegner einsetzt.

Der Zusammenhang ist eine Auseinandersetzung mit dem Homer-Übersetzer Johann Heinrich Voß (1751–1826), der zugleich mit seiner Übersetzung eine neue, an die antike Lautung angepasste Schreibweise für die antiken Götternamen einführen wollte. So sollte etwa statt Zeus in Zukunft Zevs geschrieben werden, was »Zefs« gesprochen werden solle, entschied Voß. Eine Neuerung, die vielen nicht einleuchtete! Lichtenberg holte seine Lichtputze wieder hervor und schrieb gegen Voß: »Zevs ... ist ein so einfältiges Wort für den Gott der Götter, daß die Spanier ein majestätischeres für eine Lichtputze haben, die heißt, glaube ich, Despavilladéra. Gewiß jedermann, dem beide Wörter unbekannt wären, würde denken, Zefs wäre die Lichtputze, denn es steckt wirklich etwas vom schnellen Abschneuzen in dem Wort.«

Literatur

Eine schöne Materialsammlung mit einem klaren einführenden Text ist Reinhard Dithmars Buch *Fabeln, Parabeln und Gleichnisse*, München 1976. Einen guten Einstieg in die Diskussion von Bildern in der Philosophie vermittelt Ekkehard Martens, *Der Faden der Ariadne oder Warum alle Philosophen spinnen*, Leipzig 2000. Ein Klassiker der Diskussion ist die Arbeit von Hans Blumenberg, *Paradigmen zu einer Metaphorologie*, Frankfurt am Main 1999 (1. Ausgabe 1960). Blumenberg hat sich zeitlebens mit der Bedeutung von Bildern für das philosophische Denken auseinandergesetzt. Zur Analogie siehe den entsprechenden Artikel im *Historischen Wörterbuch der Rhetorik*, Bd. 1, Tübingen 1992.

Zum Thema Pointen scheint mir die beste Untersuchung die von Peter Wenzel zu sein: *Von der Struktur des Witzes zum Witz der Struktur*, Heidelberg 1989.

9. Sammeln

Als Aristoteles die theoretische Arbeit des Philosophen, den *bios theoretikos*, als die beste Form des Lebens beschrieb, da dachte er vielleicht auch an einen Sammler, der sich liebevoll mit seiner Sammlung beschäftigt, sie sortiert, hin- und herwendet und nach neuen Exemplaren Ausschau hält. Fast alle bedeutenden Philosophen waren Sammler – Platon (428–348 v.Chr.), der einer aristokratischen Familie entstammte und ein wohlhabender Mann war, kaufte seltene philosophische Texte, wobei er bisweilen einen sehr hohen Preis zahlte. Für drei Buchrollen über die Thesen des Pythagoras (570–497 v.Chr.) bezahlte er, so wird uns überliefert, 100 Minen (zum Vergleich: Das Jahresgehalt eines Bauarbeiters betrug damals etwa 4 Minen).

Aristoteles selbst besaß eine ganze Bibliothek, die er nach seinem Tod seinem Schüler Theophrast (372–287 v.Chr.) vererbte. Doch das Büchersammeln ist nur die äußere Ansicht des philosophischen Sammelns. Philosophen sind *Gedankensammler*. Schon das Lesen, diese Uraktivität der Philosophen, ist eine Art Sammeln. Beide Wörter, Lesen und Sammeln, bedeuteten ursprünglich ohnehin dasselbe – nämlich das Heraussortieren von Dingen, die es wert sind, aufbewahrt zu werden. Noch heute kann man von der Weinlese sprechen. Und eine Art Weinlese ist auch die Lektüre eines Buches. Der Leser wandert durch die Zeilen und Seiten wie durch einen Weinberg und sammelt unterwegs hier und da geistige Früchte.

Viele haben die Gewohnheit, in ihren Büchern eigene Pfade anzulegen, damit sie sich besser darin zurechtfinden. Die einen unterstreichen mit Bleistift und machen sich Notizen an den Rand, während andere es leuchten und schimmern sehen wollen und daher Textmarker verwenden. Wieder andere fertigen Auszüge an, sie schreiben, während sie lesen. Diese Praktik ist so alt wie das

Buch selbst. Schon der Sophist Hippias von Elis (5. Jhd. v. Chr) legte sich ein *Lesebuch wissenswerter Dinge* an, in das er Auszüge aus den Werken griechischer Dichter und Philosophen eintrug.

Aristoteles, der auch Naturwissenschaftler war, sammelte Berichte über Tiere und Pflanzen. Da es zu seiner Zeit hierüber kaum Literatur gab, unterhielt er sich mit Fischern, Hirten, Jägern und mit Reisenden, auch eigene Beobachtungen hielt er schriftlich fest. Natürlich sammelte er auch philosophische Lehrmeinungen. Viele Ideen kennen wir überhaupt nur aus seinen Schriften, die oft mit einem Überblick über die Meinungen beginnen, welche von anderen Philosophen zu einem bestimmten Problem geäußert wurden. Aus einer Sammlung von Definitionen und Argumenten dürfte sein Lehrbuch fürs Selbstdenken, die *Topik*, hervorgegangen sein.

Wer nicht sammelt, kann in der Philosophie nicht weiterkommen. Schon das Sammeln philosophischer *Thesen* hat einen aufklärenden Effekt – weil die Meinungen nämlich nicht länger als die einzig möglichen dastehen, sondern durch Alternativen relativiert werden. Auch die Besonderheit einer bestimmten Meinung wird im Vergleich besser sichtbar – ähnlich wie eine alte Münze erst dann ihre ganze Schönheit und die Vielfalt ihrer Bezüge enthüllt, wenn sie in eine ordentliche Sammlung einsortiert ist. Das Sammeln von *Definitionen* und *Argumenten* erleichtert es, in Debatten rasch zu kontern, und hat zudem noch den Vorzug, dass man sich, wenn man über ein gewisses Repertoire verfügt, bei Bedarf neue Ableger ziehen kann.

In der Sammlung verschwimmen bald die Grenzen zwischen dem Eigenen und dem Fremden. Das ist nicht weiter schlimm: Ideen müssen wandern, von einem Kopf zum anderen, um sich zu entwickeln. Ohnehin ist es oft schwer, den Ursprung einer Idee festzustellen. Denn oft stellt sich heraus, dass der ›originelle Kopf‹, dem man sie zuordnet, sie selbst bei anderen aufgelesen hat. Natürlich soll man sich nicht mit fremden Federn schmücken – aber wer sich darauf versteift, nur Eigenes zu verwenden, lähmt seine Produktivität.

Wie man seine Sammlung anlegt, hängt vom Sammler ab. Viele schreiben Meinungen oder Argumente, die ihnen auffallen, in ein gesondertes Heft. Der Zettelkasten, eine Alternative zum Notizbuch, ist erst seit dem 16. Jahrhundert in Gebrauch. Als sein Erfinder gilt der Zürcher Universalgelehrte Conrad Gesner (1516–1565). Er empfahl, »alles von Wichtigkeit und was Verwendung verheißt, auf ein einseitig zu beschreibendes Blatt von guter Qualität« zu übertragen, das dann mit der Schere zerschnitten und geordnet und untergliedert werden könne. Seither ist der Zettelkasten bei den Gelehrten immer beliebter geworden. Denn eine Materialsammlung ist gar nichts Totes und Verstaubtes, sondern wie ein verzauberter, sprechender Garten: Der Sammler verbringt oft seine schönsten Stunden darin.

Hat der Zettelkasten einmal eine bestimmte kritische Größe erreicht, was vielleicht erst nach einigen Jahren der Fall sein mag, so ist er auch für den Sammler selbst kaum noch überschaubar. Das macht ihn keineswegs unbrauchbar. Ein unüberschaubarer Zettelkasten eignet sich sogar besser für kreative Arbeit als ein wohlsortierter. Erfahrene Zettelkastennutzer empfehlen jedenfalls, keine festen Fächer einzurichten, sondern es darauf ankommen zu lassen, dass im Zettelkasten ein Netzwerk von Ideen und Notizen heranwächst. Hier eine Gebrauchsanweisung, die von dem Soziologen Niklas Luhmann (1927–1998) stammt:

1. Zerschneide DIN A 4 Blätter in der Mitte: So erhältst du deine Zettel.
2. Schreibe auf diese Zettel das, was dir gerade einfällt, was dir interessant erscheint oder auch interessante Dinge, die du gehört oder gelesen hast.
3. Beschrifte die Zettel nur auf einer Seite – dann schwillt der Zettelkasten zwar schneller an, aber dafür hat man die Möglichkeit, im Zettelkasten zu blättern, ohne die Zettel herausnehmen zu müssen.
4. Sortiere alle Zettel, die zu einem Thema gehören, in ein gemeinsames Fach ein.
5. Bezeichne dieses Fach mit einem Buchstaben, der an das Thema

erinnert (z. B. P für Parodien). Diesen Buchstaben schreibt man auch auf alle Zettel, die in das Fach kommen.

6. Gib jedem Zettel im Fach eine fortlaufende Nummer (z. B. P 9). So ist jeder Zettel prinzipiell auffindbar – wenn man ihn von dem Ort, an dem er sich einmal befindet, nicht wegbewegt.

7. Notiere auf jedem Zettel die Nummern aller Zettel, mit denen er zu tun hat. So steht jeder Zettel zwar an einem bestimmten Ort, verweist aber von diesem Ort aus in weitere Richtungen: auf andere Zettel, die ihrerseits wieder auf andere Zettel verweisen. So bilden sich langsam um die einzelnen Zettel Netzwerke, denen man, wenn man mit dem Zettelkasten arbeitet, nachgehen kann.

8. Für die Verwaltung von Zetteln, auf die man Auszüge oder Zitate aus Büchern schreibt, empfiehlt sich ein eigener Zettelkasten, der nach Autoren geordnet ist.

Wenn man den Zettelkasten regelmäßig füttert, entsteht im Laufe der Jahre ein System von Gedanken, das man so niemals eingegeben hat, das man aber herausziehen kann. Wenn man nämlich im Zettelkasten stöbert, entdeckt man die Verweisungen, die man im Laufe der Zeit eingegeben hat – ein Zettel führt zum nächsten. So entstehen fast automatisch jede Menge Zufallskombinationen, die einen auf neue Gedanken bringen, und auch interessante Serien bilden sich. Niklas Luhmann, der bereits während seiner Studienzeit mit seinem Zettelkasten begonnen hatte, meinte sogar, der Zettelkasten sei schlauer als er selbst – er sei geradezu ein Wesen, mit dem man kommunizieren könne. Dank seines Zettelkastens hätten sich seine Bücher wie von selbst geschrieben.

Wem die Luhmann-Methode für den Aufbau eines Zettelkastens zu umständlich ist, für den ist vielleicht die Bacon-Methode geeignet. Sie geht nicht auf den Philosophen Francis Bacon (1561–1626) zurück, sondern auf seinen Namensvetter, den britischen Maler Francis Bacon (1909–1992), einen der wichtigsten Künstler des 20. Jahrhunderts. Dieser Francis Bacon besaß einen Zettelkasten, der keine Fächer hatte, sondern nur Zonen und Schichten. Auch Klumpenbildungen waren möglich. Der Zettelkasten war ferner begehbar, ja, Bacon lebte geradezu darin. Er erstreckte sich über Fußboden, Möbel und Wände des Londoner Ateliers von Francis Bacon. Die Methode für den Aufbau eines Zettelkastens nach dem Bacon-Modell lässt sich so rekonstruieren:

1. Sammle alte Zeitungen, reiße einzelne Artikel oder Bilder heraus und wirf sie auf den Fußboden.
2. Reiße einzelne interessante Seiten aus Büchern und Katalogen und wirf sie auf den Fußboden.
3. Nimm Fotografien von Freunden oder von dir selbst, auch Röntgenbilder, fasse sie mit ölverschmierten Fingern an und wirf sie auf den Fußboden.
4. Nimm alte Vinylschallplatten und wirf sie auf den Fußboden.
5. Nimm alte Gemälde (bzw. Manuskripte) von dir, zerreiß sie oder lass sie von anderen zerreißen und wirf sie auf den Fußboden.
6. Nimm alte Kleidungsstücke und Schuhe und wirf sie auf den Fußboden.
7. Beträufele alles hier und da mit Ölfarbe oder mit Bier, so dass einzelne Blätter oder Zettel zusammenhängen und Klumpen bilden.

So entsteht, wenn man die Methode einige Jahre hindurch anwendet, ein ansehnlicher Haufen. Wie guter Wein muss der Zettelkasten gären und reifen. Und er muss immer mal wieder geschüttelt und sogar getreten werden. Die Frage, die sich manchem aufdrängen mag, ist, wie man mit einem solchen als Haufen daherkommenden Zettelkasten überhaupt arbeiten soll. Wie lassen sich die Zettel oder die Bilder, die darin stecken, wieder herausholen? Eine gezielte Suche ist natürlich zwecklos. Trotzdem kann man etwas finden. Und zwar beim Herumlaufen oder Herumstolpern im Gewühl der Zettel, Blätter und Bilder. Wobei man automatisch die Ordnungen durcheinanderbringt und neue schafft. Man betrachtet dann die Konstellationen auf dem Fußboden, lässt sich davon inspirieren und greift einzelne Stücke heraus, um sie weiterzubearbeiten bzw. an anderer Stelle wieder hinzuwerfen.

Dass Bacon tatsächlich so gearbeitet hat, ist bezeugt. Er selbst meinte: »Ich fühle mich wohl in diesem Chaos, weil Chaos mich zu Bildern anregt.« Nicht wenige seiner Werke sind unmittelbar angeregt durch den Anblick zerrissener, verknickter und verklebter Fotos, die zufällig aus einer tieferen Schicht in seinem Atelier an die Oberfläche traten und ihm auffielen.

Das Bacon'sche Atelier mit allen Bilderbergen und Zettelhaufen wurde nach seinem Tod von seinem Erben einem renommierten Museum, der Hugh Lane Gallery, vermacht. Und weil Bacon zu den bedeutendsten und teuersten Malern des 20. Jahrhunderts gehört, schickte die Galerie gleich ein professionelles Archäologenteam, um das Chaos zu bergen, jeden einzelnen Leinwandfetzen zu konservieren, zu fotografieren und digital zu erfassen. Anschließend wurde alles verpackt und transportiert und im Museum originalgetreu wieder aufgebaut. Dort kann man das Atelier heute besichtigen: in Dublin, der Heimatstadt des Meisters.

● ●

Spiel: Welcher Lesetyp bin ich?

Lesen ist ein Modell fürs Sammeln. Aber jeder liest anders! Manche lesen ihre Bücher Seite für Seite, andere schmökern lieber mal hier und dort. Manche kaufen Bücher, andere entleihen sie. Im Folgenden eine Zusammenstellung einiger Lesetypen und ein Anhang, der von einem Bücherdieb erzählt, dem wir viel zu verdanken haben.

Der Bücheraufsteller

Bücher sind deiner Meinung nach vor allem zum Hinstellen da. Damit die Regale nicht so leer aussehen. Deshalb hast du auch nur gebundene Bücher, die hübsch aussehen und sich in den Schränken gut machen, schön sortiert nach der Größe.

Der Bücherbieger

Bücher müssen angefasst werden, man muss sie in der Hand haben, muss prüfen, wie stabil sie sind. Manche sind gut gebaut, ganze Kerle, andere sind schwächlich und schmächtig, diese biegst du so lange, bis die Gelenke krachen und sie auseinanderfallen. Wieder andere sind ohnehin scheintot und so alt, dass sie beim Anfassen zu Staub zerfallen. Dass man Bücher auch lesen kann, weißt du, aber lieber bearbeitest du die einzelnen Seiten, ziehst sie beim Umschlagen glatt und rubbelst mit dem Nagel noch ein wenig in der Mitte.

Der Bücherauswerter

Lesen muss etwas bringen. Sonst lohnt es ja nicht. Wenigstens ein paar Informationen sollten schon rumkommen. Daher liest du am liebsten Fachbücher. Romane auch manchmal, aber nur im Urlaub. Ohne einen Stift in der Hand ist es dir unmöglich, auch nur mit dem Lesen anzufangen. Der Text wandert dabei von Blatt zu Blatt, aus dem Buch in deine Notizen, ohne Umweg über den Kopf. So geht es schneller.

Der Bücherfetischist

Du liebst Bücher, besonders alte Bücher. Du liest nicht, du siehst an, fühlst, riechst. In manchen Büchern entdeckst du noch den Duft vergangener Zeiten. Den saugst du auf, schnorchelst ihn ein, ergötzt dich daran. Du kennst dich aus mit Schrifttypen und Vignetten, Papiertypen und Verlagen. Seltene Stücke, Erstausgaben oder alte Drucke ersteigerst du auf Auktionen oder lässt sie mitgehen. Deine Sammlung ist gewaltig und birgt einige Raritäten. Nur zum Lesen kommst du selten.

Der Büchersüchtige

Ohne ein Buch in der Nähe wirst du unruhig. Fährst du in Urlaub, dann bewaffnest du dich mit etwa drei Kilogramm Büchern, mehr, als du jemals lesen wirst. Zuhause hast du eine riesige Bibliothek, und in jedem dieser Bücher kennst du dich aus wie ein Tier in seinem Revier. Du kannst jede Stelle in einem Buch sofort finden. Menschliche Kontakte sind für dich eine vorübergehende Erscheinung zwischen zwei Lektüren. Manche Bücher musstest du gar stehlen, da sie käuflich nicht zu erwerben waren. Zur Not würdest du für Bücher auch morden, aber so weit ist es noch nicht gekommen.

Der Zuklapper

Bücher regen dich auf. Besonders, wenn etwas Falsches darin steht. Und das ist meistens so. Sobald du ein Buch in die Hand nimmst, schnaubst du, und von Seite zu Seite steigert sich deine Erregung. Bis du schließlich das Buch geräuschvoll zuklappst, so wie man eine Tür ins Schloss fallen lässt, wenn man im Streit das Zimmer verlässt. Meist sprichst du dabei dein Urteil aus, zum Beispiel: »Pillepalle!« oder »Tse!« oder »Quatsch!« Im Zuklappen hast du eine enorme Virtuosität erreicht. Du kannst das mit zwei Fingern, so dass das Buch aufspringt, sich von selbst zusammenklappt und erledigt liegen bleibt.

• •

Anhang: Bücherraub und Abendland

Bücherfetischisten sind verrückte Sammler. Sie tun alles, um an seltene Bücher zu gelangen. Das gilt auch von Apellikon (gestorben 87 v.Chr.), dessen Geschichte ich jetzt erzähle. Er war wegen Bücherraubs sogar rechtskräftig verurteilt. Und doch gebührt ihm ein Ehrenplatz in den Geschichtsbüchern. Denn er rettete das Werk des Aristoteles vor dem Verderben. Und wenn das Werk des Aristoteles nicht gerettet worden wäre, hätte die durch Wissenschaft geprägte europäische Zivilisation vermutlich nie entstehen können.

Für seine Zeitgenossen war Aristoteles nur ein Philosoph unter vielen. Und die Philosophen galten ohnehin als sonderbarer Verein. Vielen erschienen sie nicht wie die Heroen des Geistes, sondern eher wie eine Clique spleeniger Homos. Die Lehren des Aristoteles kamen den meisten Athenern völlig nutzlos vor. Zudem hatte Aristoteles in seinen letzten Jahren Athen verlassen, weil ihm dort eine Anklage wegen Gotteslästerung drohte. Daher ist es nicht verwunderlich, dass schon etwa vierzig Jahre nach seinem Tod seine Schriften praktisch verschollen waren. Ein gewisser Neleus, der Letzte, der den Meister noch persönlich gekannt hatte, erbte sie im Jahr 287 v.Chr.

Da er selbst kein Gelehrter war, verkaufte er einen Teil der Schriften an die Bibliothek von Alexandria in Ägypten, wo sie später, als Caesar die Stadt eroberte, verbrannten. Einen anderen Teil, vor allem die Vorlesungsnotizen des Aristoteles, nahm Neleus als Andenken mit, als er von Athen wieder nach Skepsis übersiedelte, seine Heimatstadt, die sich im heutigen Anatolien befand. Irgendwann starb Neleus. Die Schriften erbten seine Kinder. Da sie sich nicht für Philosophie interessierten, lagerten sie die Papyrusrollen in einem Keller und widmeten sich im Übrigen dem Ackerbau. Dann starben auch die Kinder des Neleus. Und deren Kinder starben auch. Und deren Kinder auch. Die Schriften im Keller wurden feucht und begannen zu schimmeln. An dieser Stelle kommt Apellikon ins Spiel.

Apellikon gehörte zur Athener Oberschicht, er war reich und hatte unter anderem einmal das Amt des ersten Münzmeisters inne. Seine Leidenschaft waren alte Schriftrollen, und um sie zu erlangen, war ihm kein Preis zu hoch. Was unverkäuflich war, das suchte er zu stehlen, etwa die Originale alter Volksbeschlüsse, die er aus dem athenischen Staatsarchiv entwendete. Ein Frevel, der entdeckt wurde, was dem Apellikon die Verurteilung und zeitweilige Verbannung eintrug. Dieses Missgeschick konnte ihn freilich nicht von seiner Büchermanie abbringen. Irgendwie war ihm zu Ohren gekommen, dass es auf der anderen Seite des Meeres, in Kleinasien – der heutigen Türkei –, noch ein paar alte Schriftrollen geben musste. Um 100 v. Chr. reiste er, so berichten es jedenfalls die Quellen, nach Skepsis und fand die Manuskripte in jenem Keller, in dem sie von den Erben des Neleus untergebracht worden waren. Sie waren infolge der Feuchtigkeit und durch Mottenfraß teilweise schon stark in Mitleidenschaft gezogen, aber offenbar im Großen und Ganzen immer noch lesbar. Apellikon kaufte sie und brachte sie nach Athen. Dort ließ er Kopien anfertigen. So richtig freuen konnte er sich nicht an seinem Schatz, denn Athen wurde wenige Jahre später (87 v.Chr.) vom römischen Feldherrn Sulla (138–78 v.Chr.) belagert und eingenommen. Bei dem dabei stattfindenden Gemetzel muss auch Apellikon ums Leben gekommen sein.

Sulla, der die Stadt plünderte, fand Gefallen an der Bibliothek des Apellikon und nahm sie als Kriegsbeute mit nach Rom. Dort kamen die Rollen in gute Hände: Sie wurden von einem gebildeten griechischen Sklaven namens Andronikos (etwa 70–50 v.Chr.) gesichtet, geordnet, kopiert und herausgegeben. Damit war die weitere Überlieferung der Texte gesichert.

Es war eine umfangreiche Sammlung: 106 Bücher nach antiker Zählung, wobei ein Buch etwa 20 Druckseiten umfasst. Geschrieben waren die Texte auf Papyrusrollen, die im Durchschnitt etwa sechs bis acht Meter lang und 30 Zentimeter hoch waren. Die überlieferten Schriften machen etwa 20 Prozent des geschätzten Gesamtwerkes des Aristoteles aus. Auch die *Topik*, jene Anleitung zum Philosophieren, von der ich in der Einleitung sprach, war darunter. Von vielen weiteren Büchern, die Aristoteles offenbar geschrieben hat, wissen wir nur aus antiken Listen. Sie sind für uns verloren.

Literatur

Über das Sammeln als solches findet sich wenig Literatur – verglichen mit den endlosen Katalogen, in denen aufgelistet ist, was man alles sammeln kann. Einen der wenigen Aufsätze zum Thema hat Norbert Hinske geschrieben, er findet sich in *Lebenserfahrung und Philosophie*, Stuttgart-Bad Cannstatt 1986. Ein schöner Text von Niklas Luhmann über die Zettelkastenmethode ist wieder abgedruckt in: André Kieserling (Hg.): Niklas Luhmann, *Universität als Milieu*, Bielefeld 1992. Luhmanns Zettelkasten wird am Zentrum für interdisziplinäre Forschung (ZIF) der Universität Bielefeld aufbewahrt und ist derzeit Gegenstand eines Rechtsstreits zwischen der Universität und den Luhmann-Söhnen. Das Atelier von Francis Bacon kann man sich im Internet ansehen unter www.hughlane.ie, dort findet man auch genauere Informationen über die Bergung dieses einzigartigen Biotops. Auch als Bacon längst ein erfolgreicher Maler war, dessen Bilder auf dem Kunstmarkt enorme Summen erzielten, verließ er sein vertrautes Milieu nicht, ähnlich wie Luhmann, der trotz zahlreicher Rufe auf andere Lehrstühle der Universität Bielefeld und seinem Reihenhaus in Oerlinghausen treu blieb, weil er seinen Zettelkasten weder einem Flugzeug, einem Schiff noch einer Eisenbahn anvertrauen wollte. – Über die Geschichte des Zettelkastens informiert Markus Krajewski, *Zettelwirtschaft. Die Geburt der Kartei aus dem Geiste der Bibliothek*, Berlin 2002.

10. Logik

»Ist doch logo!« – hört man immer wieder, wenn einer den anderen von etwas überzeugen möchte, was seiner Meinung nach offensichtlich ist. Wo die Logik ins Spiel kommt, da hat der andere nicht mehr viele Ausweichmöglichkeiten. Er muss zustimmen. So weit, so schön. Nur ist das, was in den Gesprächen des Alltags als *logo* verkauft wird, nicht selten sachlich falsch und obendrein noch unlogisch. Um dieses nachzuweisen, bedarf es freilich einiger Kenntnisse.

Unsere Logik geht auf die Griechen zurück. Das Wort leitet sich her von griechisch *logos*, was so viel heißt wie vernünftige Rede. Aristoteles galt lange Zeit als Begründer der Logik. Heute wissen wir zwar, dass auch andere Denker der Antike, die Stoiker nämlich, eigenständige Beiträge zur Logik lieferten. Das mindert aber die Leistung des Aristoteles in keiner Weise. In einer Schrift mit dem Titel *Erste Analytik* entwickelte er ein System logischer Schlüsse. Es war über zweitausend Jahre lang die unangefochtene Basis für wissenschaftliche Argumentationen. Kaum eine zweite geistige Leistung konnte sich so lange Zeit ungebrochener Wertschätzung erfreuen.

Erst im zwanzigsten Jahrhundert kam es zu neuen Entwicklungen in der Logik. Neue Systeme wurden entwickelt, bis hin zu sogenannten nichtklassischen Logiken, in denen einige altehrwürdige logische Gesetze nicht mehr galten. Zudem setzte eine durchgreifende Mathematisierung der Logik ein. Die neuen, hochkomplexen Systeme sind Grundlage für vielfältige technische Anwendungen, vor allem in der Datenverarbeitung.

Für die philosophische Diskussion sind die neueren Systeme weniger relevant – außer in Spezialgebieten. Fast immer kommt man mit einigen Elementen der klassischen Logik über die Runden. Ich halte mich im Folgenden an die aristotelische Logik. Es emp-

fiehlt sich, sie von vornherein systematisch darzulegen – denn nur so bekommt man einen Überblick. Dann können Beispiele die formale Struktur erleuchten.

Der Mathematiker Leonhard Euler (1707–1783) hat schon im 18. Jahrhundert eine nützliche Methode entwickelt, die logischen Strukturen mit Zeichnungen zu verdeutlichen. In seinen *Briefen an eine deutsche Prinzessin* (siehe auch Seite 61) erläuterte er die Grundlagen der aristotelischen Logik auf eine unübertroffen klare Weise. Er zeichnete Kreise, um die logischen Schlüsse zu illustrieren. Was die Logiker mit viel Aufwand beweisen, wird so ins Bild gesetzt und geradezu sinnfällig. Das ist eine wesentliche Vereinfachung, die ich im Folgenden übernehme. Worum geht es? Die aristotelische Logik beschäftigt sich mit der Frage, wie man von gegebenen Aussagen zu einer neuen gelangen kann. Und zwar so, dass sich die neue Aussage *sicher* aus denen ergibt, die bereits vorliegen.

Unter einer Aussage versteht man dabei einen Satz, in welchem dem einen Teil, dem sogenannten Subjekt, etwas zu- oder abgesprochen wird. Normalerweise sind Subjekt und Prädikat *Begriffe*.

Sie beziehen sich im Gegensatz zu Eigennamen nicht nur auf einzelne Gegenstände, sondern fassen mehreres zu einer Gesamtheit zusammen. Vielleicht ist der Hinweis am Platz, dass sich manche Aussagen nicht in dieses Schema pressen lassen, und zwar solche, die sich auf Ereignisse beziehen. So spielt etwa in der Aussage »es schneit« das »es« nur die Rolle eines Scheinsubjekts. Die aristotelische Logik nimmt also in ihrer Grundlage eine Vereinfachung vor: Allerdings ist es keine willkürliche Vereinfachung, sondern eine solche, die schon in der Grammatik der europäischen Sprachen angelegt ist.

Eine Aussage bestätigt also etwas oder verneint es – wie zum Beispiel die Aussage »Jeder Zimtstern ist ein Plätzchen«. Hier haben wir zwei Begriffe: ›Zimtstern‹ und ›Plätzchen‹. Beide Begriffe werden durch die Aussage in ein Verhältnis gesetzt – genauer gesagt – ›Zimtstern‹ ist das sogenannte Subjekt, das durch das Prädikat ›Plätzchen‹ näher bestimmt wird.

Die Aussage »Kein Zimtstern hält ewig« ist eine verneinende Aussage. Auch hier wird das Subjekt näher bestimmt – indem ihm ein Prädikat abgesprochen wird. Beide Aussagen sind universell – sie sagen etwas über *alle* Zimtsterne aus. Neben den universellen Aussagen gibt es noch die partikulären – und auch hier wieder bejahende (affirmative) und verneinende (negative): so zum Beispiel die Aussagen: »Einige Leute lieben Kekse« oder »Manche mögen nichts Süßes«. Hier wird nicht über alle etwas ausgesagt, sondern nur über einige. In der Alltagssprache hat dieses Wörtchen die Bedeutung: mindestens zwei. In der Logik wird es noch weiter abgespeckt und bedeutet: *mindestens einer.*

Somit unterscheidet man in der Logik vier verschiedene Sorten von Aussagen:

1. Alle A sind B – die universell bejahende Aussage
2. Kein A ist B – die universell verneinende Aussage
3. Einige A sind B – die partikulär bejahende Aussage
4. Einige A sind nicht B – die partikulär verneinende Aussage

Alle diese Aussagen umfassen zwei Begriffe A und B, die man die Terme der Aussage nennt. Der erste Begriff ist, wie erwähnt, das Subjekt – er ist derjenige, von dem etwas bejaht oder verneint wird. Der zweite Begriff ist das Prädikat – es ist dasjenige, was zugesprochen oder abgesprochen wird.

In dem Satz »Kekse sind süß« wäre Kekse das Subjekt und süß das Prädikat. Man kann sich die vier Sorten von Aussagen mit einfachen Kreisen verdeutlichen, um sich ihren Sinn klarzumachen. Da ein Begriff wie Kekse eine Unzahl einzelner individueller Gegenstände umfasst, kann man ihn wie einen Raum ansehen, in dem alle diese Einzelkekse eingeschlossen sind. Man kann einen Kreis zeichnen und sagen, in diesem Kreis sind alle Kekse drin – sozusagen eine riesige Keksdose (manche Logiker sprechen in einem solchen Fall vom »Universum der Kekse«).

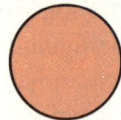

Für den Begriff des Süßen kann man analog vorgehen – alles, was süß ist, sei darin enthalten, ob es nun Kekse sind, Zuckerwürfel oder Karnevalsbonbons. Wenn man daher sagt: »Alle Kekse sind süß«, so kann man dies so darstellen, dass der erste Kreis im zweiten enthalten ist. In der Dose mit allem Süßen steckt sozusagen die Dose mit den Keksen drin.

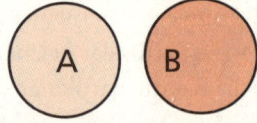

Der Kreis A umfasst hier das Subjekt, der Kreis B das Prädikat. Für die universell negative Aussage (kein A ist B, zum Beispiel »kein Keks ist kalorienfrei«) wäre hingegen folgende Figur zu zeichnen:

Die Dose mit den Keksen ist dabei sozusagen von der Dose der kalorienfreien Dinge getrennt. Kein Element aus dem einen Bereich findet sich im anderen Bereich und umgekehrt. Das zeigen die getrennten Kreise.

Für die partikulär bestätigende Aussage (einige A sind B, zum Beispiel einige neue Kekse enthalten Haselnüsse) ergäbe sich:

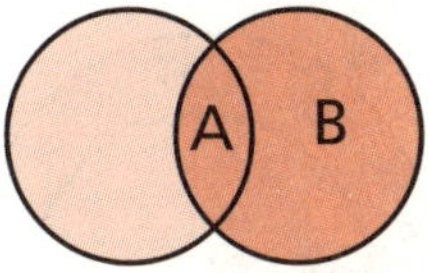

Und für die partikulär negative Aussage (einige A sind nicht B, zum Beispiel: »Einige neue Kekse enthalten keine Schokolade«) müsste man Folgendes zeichnen:

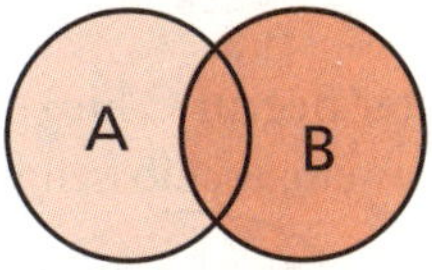

Hier eine Übersicht, die zeigt, wie die verschiedenen Dosen miteinander verschachtelt sein können.
Bei den partikulären Aussagen ist die Stellung des Buchstabens

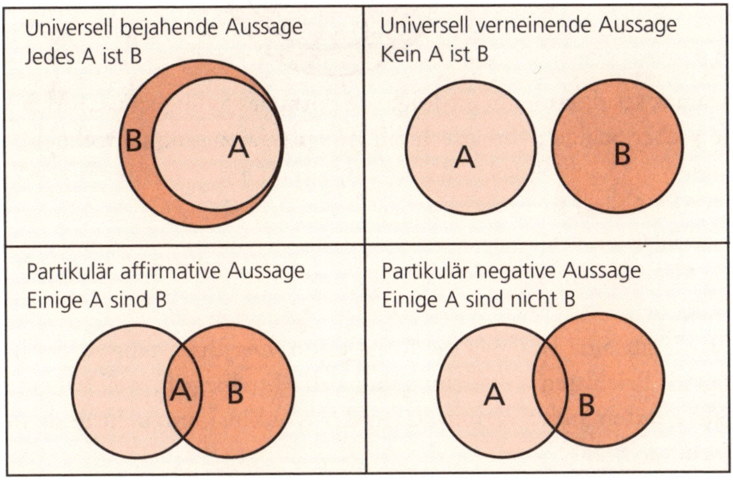

nicht willkürlich: Sie gibt nämlich den Ort an, an dem sich *garantiert* ein Element findet. So kann man sich also alle Aussagen mit Figuren klarmachen. Der größte Vorzug der Kreismethode ist es aber, dass man mit den Kreisen die gültigen von den ungültigen logischen Schlüssen unterscheiden kann.

Nehmen wir zunächst die Aussage »Alle A sind B«, die man so wiedergeben kann:

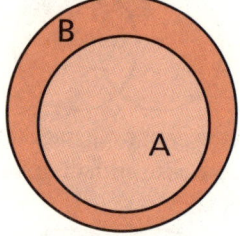

Was ist nun, wenn ein dritter Begriff C hinzutritt? Es kann der Fall eintreten, dass C völlig in A eingeschlossen ist:

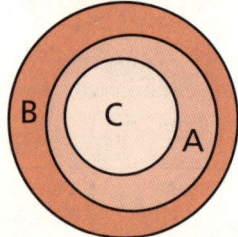

Daraus resultiert dann die folgende Form des Syllogismus (formallogischer Schluss; von griechisch *syllogistai* = zusammenrechnen):

Alle A sind B.
Alle C sind A.
Also sind alle C B.

Der letzte Satz ist dabei die Konklusion. Der Buchstabe A, der in beiden Prämissen auftaucht, nennt sich Mittelbegriff, weil er beide Sätze miteinander vermittelt. In der Konklusion taucht er dann nicht mehr auf.

Wenn C zu einem Teil in A eingeschlossen ist, ist ebendieser Teil
auch in B eingeschlossen und es ergeben sich zwei Möglichkeiten:

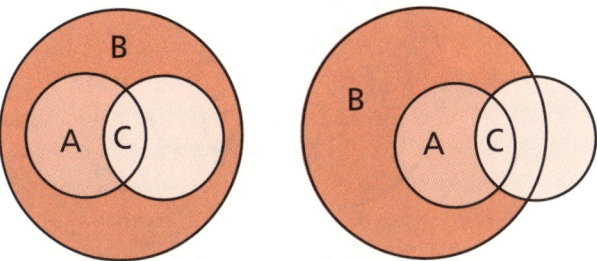

Daraus resultiert ein zweiter gültiger Schluss:

> Jedes A ist B.
> Einige C sind A.
> Also sind einige C B.

Wieder haben wir einen Syllogismus. Wie wäre es jedoch, wenn C
sich ganz außerhalb von A befände, wenn also der zweite Satz lautete: Kein C ist A? Dann ergeben sich drei Möglichkeiten, nämlich
zunächst:

Oder:

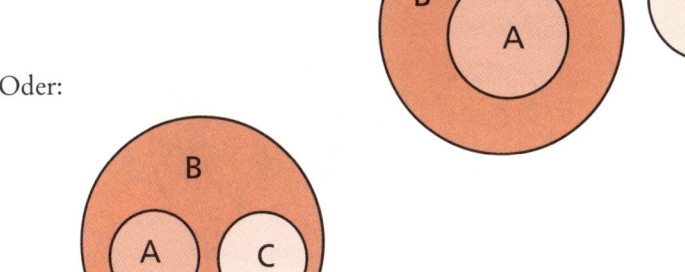

Oder so:

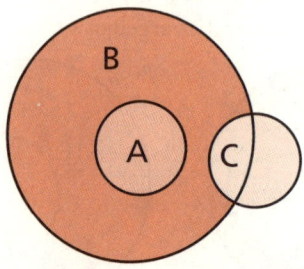

Alles dies ist möglich. Was aber ergibt sich daraus für den Schluss? Es ergibt sich, dass – in Bezug auf B – *gar nichts* geschlossen werden kann. Denn es gibt kein *notwendiges* Ergebnis, nichts, was sich *mit Sicherheit* sagen ließe. Wo sich aber nichts zwingend ergibt, kann man auch nicht schließen. Das ist eigentlich der Normalfall. Würde man einfach alle vier Aussagentypen sturheil kombinieren, so ergäben sich nicht weniger als $4^4 = 256$ Möglichkeiten – die weitaus meisten davon ähneln allerdings der eben betrachteten Kombination, das heißt, dass sich aus ihnen nichts Definitives schließen lässt. Ich konzentriere mich im Folgenden lediglich auf die Kombinationen, aus denen sich auch wirklich etwas ergibt. Setzen wir die Überlegungen also fort! Wenn es heißt, dass kein C B ist, so lässt sich, wenn alle A B sind, etwas schließen:

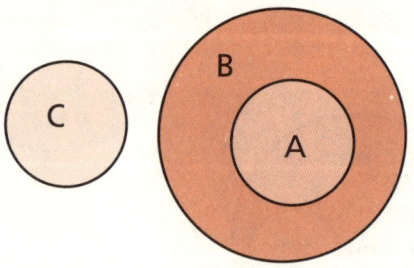

Jedes A ist B.
Kein C ist B.
Also ist kein C A.

Wenn der Begriff C teilweise außerhalb des Begriffs B ist, dann ist ebendieser Teil auch außerhalb des Begriffs A, denn der befindet sich zur Gänze in B:

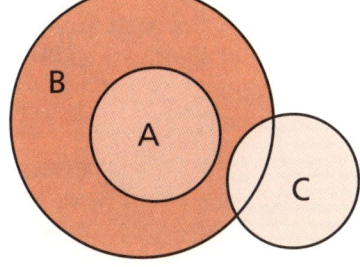

Daraus ergibt sich:

> Jedes A ist B.
> Einige C sind nicht B.
> Also sind einige C nicht A.

Schließlich und endlich: Wenn C in sich ganz B enthält, sind einige C auch A:

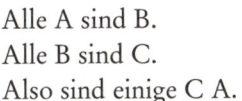

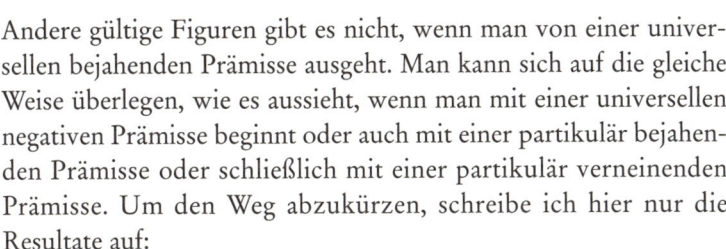

> Alle A sind B.
> Alle B sind C.
> Also sind einige C A.

Andere gültige Figuren gibt es nicht, wenn man von einer universellen bejahenden Prämisse ausgeht. Man kann sich auf die gleiche Weise überlegen, wie es aussieht, wenn man mit einer universellen negativen Prämisse beginnt oder auch mit einer partikulär bejahenden Prämisse oder schließlich mit einer partikulär verneinenden Prämisse. Um den Weg abzukürzen, schreibe ich hier nur die Resultate auf:

1. Alle A sind B
Alle C sind A
Also sind alle C B

2. Alle A sind B
Einige C sind A
Also sind einige C B

3. Alle A sind B
Kein C ist B
Also ist kein C A

4. Alle A sind B
Kein B ist C
Also ist kein C A

5. Alle A sind B
Einige C sind nicht B
Also sind einige C nicht A

6. Alle A sind B
Alle B sind C
Also sind einige C A

7. Kein A ist B
Alle C sind A
Also ist kein C B

8. Kein A ist B
Alle C sind B
Also ist kein C A

9. Kein A ist B
Einige C sind A
Also sind einige C nicht B

10. Kein A ist B
Einige A sind C
Einige C sind nicht B

11. Kein A ist B
Einige C sind B
Also sind einige C nicht A

12. Kein A ist B
Einige B sind C
Also sind einige C nicht A

13. Einige A sind B
Alle A sind C
Also sind einige C B

14. Einige A sind B
Alle B sind C
Also sind einige C A

15. Einige A sind nicht B
Alle A sind C
Also sind einige C nicht B

16. Einige A sind nicht B
Alle C sind B
Also sind einige A nicht C

17. Alle A sind B
Einige A sind C
Also sind einige C B

18. Kein A ist B
Alle A sind C
Also sind einige C nicht B

19. Kein A ist B
Alle B sind C
Also sind einige C nicht A

20. Alle A sind B
Alle A sind C
Also sind einige C B

Dabei wäre noch zu bemerken, dass die sechzehnte Form dieselbe ist wie die fünfte: Sie geht in diese über, wenn man C für A und A für C schreibt und mit der zweiten Aussage beginnt. So bleiben 19 verschiedene Formen. Man kann sie bei Bedarf nachschlagen. Was ist aber, wenn man von einem Interessierten gefragt wird, was es mit den aristotelischen Syllogismen auf sich habe? Dann könnte man antworten:»Nun, die aristotelische Syllogistik befasst sich mit vier Arten von Aussagen, und zwar den universell bejahenden Aussagen, den universell verneinenden, den partikulär bejahenden Aussagen und den partikulär verneinenden. Zwischen diesen Aussagen gibt es 4^4, also 256 verschiedene mögliche Kombinationen. Daraus sind diejenigen auszusieben, die logische Schlüsse darstellen. Und das sind genau die, welche *immer* gültig sind, bei denen sich also kein Gegenbeispiel bilden lässt. Und wann das der Fall ist, erkennt man, indem man sich die Schlüsse durch Kreise illustriert!«

Wenn dem Fragenden dies zu umständlich ist, kann man ersatzweise einige Regeln anbieten, mit deren Hilfe sich rasch beurteilen lässt, wann man Schlüsse ziehen kann und wann nicht:

1. Aus zwei negativen Prämissen kann man keine Schlussfolgerung ableiten. Was weiß man, wenn man sagt, dass die Gallier keine Römer waren und die Kelten auch nicht? Waren dann die Gallier Kelten oder nicht? Es lässt sich anhand dieser Informationen nicht entscheiden.
2. Aus zwei partikulären Aussagen kann man keinen Schluss ziehen. Wenn es also heißt, dass einige Hunde herumstreunen und einige Hunde Flöhe haben – kann ich aus diesen beiden Informationen einen zuverlässigen Schluss ziehen? Es *könnte* natürlich sein, dass die herumstreunenden Hunde Flöhe haben – aber es ergibt sich nicht zwingend.

Nun noch drei weitere Regeln, die nicht so unmittelbar einleuchten – sie sind dennoch gültig:

3. Wenn eine der Prämissen negativ ist, muss auch die Konklusion negativ sein.
4. Wenn eine der Prämissen partikulär ist, muss auch die Konklusion partikulär sein.

5. Wenn beide Prämissen affirmativ sind, ist es auch die Konklusion. Aber Vorsicht: Selbst wenn die beiden Prämissen universell sind – so ist die Konklusion es nicht notwendigerweise.

Eine weitere wichtige Frage betrifft die Eigennamen. Bislang haben wir unsere Schlüsse ja aus Bezeichnungen zusammengebastelt, die sich von vornherein auf mehrere Dinge bezogen, wie zum Beispiel: ›die Kekse‹, ›die Zimtsterne‹ und so weiter. Mit anderen Worten: Subjekt und Prädikat unserer Aussagen waren jeweils Begriffe.

Wie ist es nun, wenn wir uns in unseren Aussagen auf einzelne Dinge beziehen?

Wie ist es, wenn wir sagen:

Dieser Keks, den ich dir gebe, ist ein Zimtstern.

Zunächst scheint es so, als handele es sich um eine partikuläre Aussage. Schließlich geht es um einen einzigen Keks. Wenn man nur von einem einzigen spricht, dann spricht man von noch weniger als von einigen – muss die Aussage also nicht als *sehr* partikulär verstanden werden? So überzeugend diese Überlegung auf den ersten Blick auch aussieht, so verkehrt ist sie doch. Denn so wenig ›dieser Keks, den ich dir gebe‹ auch scheinen mag – es handelt sich hierbei um *alle* Kekse, von denen im Moment die Rede ist.

Tatsächlich muss eine singuläre Aussage, die sich nur auf ein einziges Ding bezieht, wie eine universelle behandelt werden. Diese Regelung ermöglicht es, alle Syllogismen für universelle Aussagen auf die singulären Aussagen zu übertragen – was den praktischen Nutzen der Logik erhöht.

Aussagenlogik

Die Syllogistik des Aristoteles interessiert sich nur für solche Aussagen, die genau zwei Begriffe enthalten. Aber oft hat man es auch mit komplizierteren Aussagen zu tun. Wenn man hier Schlüsse ziehen will, benötigt man andere Regeln.

Unter den zusammengesetzten Aussagen sind die Bedingungssätze besonders verbreitet. Diese können wir stellvertretend für andere aussagenlogische Zusammenhänge untersuchen. Bedingungssätze umfassen zwei ganze Aussagen, und zwar so, dass dann, wenn die eine wahr ist, auch die andere wahr ist. Betrachten wir als Beispiel den folgenden Satz:

Wenn alles stimmt, was der Kanzler sagt, dann ist der Aufschwung nicht mehr weit.

Ein solcher von einer Wenn-dann-Verbindung zusammengehaltener Satz übersteigt die Mittel der aristotelischen Syllogistik. Neue Regeln müssen her. Wie kann man innerhalb dieses Satzes schließen? Eine gültige Variante ist, dass uns jemand überzeugt, dass alles, was der Kanzler sagt, wahr ist – dann muss man notwendig schließen, dass der Aufschwung nicht mehr weit ist. Eine andere Möglichkeit ist, festzustellen, dass der Aufschwung keineswegs vor der Türe steht – und dann folgt, dass der Kanzler nicht mit allem, was er täglich verspricht, die Wahrheit sagt. Schematisch sieht das so aus:

Erste Form:
Wenn A B ist, ist auch C D.
Nun ist A B.
Also ist auch C D.

Zweite Form:
Wenn A B ist, ist C D.
Nun gilt aber nicht, dass C D ist.
Also ist A auch nicht B.

Außer dieser gibt es keine andere Möglichkeit, korrekt zu schließen. Falsch sind insbesondere die folgenden, weit verbreiteten Formen:

Erster Fehlschluss:
Wenn A B ist, ist C D.
Nun ist C D.
Also ist auch A B.

Zweiter Fehlschluss:
Wenn A B ist, ist C D.
Nun gilt nicht, dass A B ist.
Also gilt auch nicht: C ist D.

Um in dem Beispiel zu bleiben, wäre es falsch, daraus, dass der Kanzler nicht immer die Wahrheit sagt, zu schließen, dass der Aufschwung überhaupt nicht kommt. Und ebenso falsch wäre es, daraus, dass der Aufschwung sich tatsächlich ankündigt, zu schließen, dass der Kanzler immer die Wahrheit sagt. Es gibt noch mehr Möglichkeiten, Aussagen zu verknüpfen – und noch viel mehr Möglichkeiten, durch Verknüpfungen Fehlschlüsse zu begehen.

Kurzschlüsse

Die Besonderheit eines logischen Schlusses liegt darin, dass er dann, wenn die Prämissen wahr sind, auch zu einer wahren Folgerung führt. Die Wahrheit geht also sozusagen nicht verloren – was für alle, die mit Wahrheiten wirtschaften, natürlich von Interesse ist, so ähnlich, wie ein Vermögensverwalter möchte, dass sein Kapital bei Transaktionen zumindest erhalten bleibt. Allerdings ist die Logik auch nicht der geeignete Weg, um neue Wahrheiten zu entdecken – denn auch wenn sie ›neue Aussagen‹ aus alten ableitet, geht doch der Inhalt dieser ›neuen Aussagen‹ über den der Prämissen nicht hinaus. Die Belehrung, welche logische Studien vermitteln, liegt darin, dass sie Beziehungen zwischen Aussagen aufzudecken vermögen. Zu diesem Zweck betreibt man logische Analysen vor allem in formalen Disziplinen wie der Mathematik oder der Geometrie. In praktischen Diskussionen ist hingegen das *Aufdecken von Fehlschlüssen* von erheblicher Bedeutung.

Betrachten wir zum Beispiel folgende Überlegung:

Alle Terroristen sind Extremisten.
Alle Extremisten sind radikal.
Also sind alle Radikalen Terroristen.

Wie ist dieser Schluss zu beurteilen? Auch hier kann es helfen, sich die Sache zu verbildlichen:

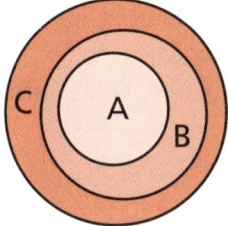

Wie man anhand des Beispiels leicht erkennt, wäre der richtige Schluss (mit der Nummer 20):

Alle Terroristen sind Extremisten.
Alle Extremisten sind radikal.
Also sind einige Radikale Terroristen.

Dass oben ein Fehlschluss vorliegt, kann man auch durch ein anderes Verfahren erkennen, nämlich indem man sich aus anderen Aussagen ein Gegenbeispiel zurechtlegt. In unserem Fall wäre ein Gegenmodell etwa das folgende:

Alle Weihnachtsmänner sind kinderlieb.
Alle Kinderlieben sind sympathische Leute.
Also sind alle sympathischen Leute Weihnachtsmänner.

Fehlschlüsse kommen in vielen Diskussionen vor. Oft haben sie eines gemeinsam – sie schließen auf eine generelle Aussage, wo nur eine partikuläre erlaubt wäre.

In der Tat gibt es unter den 19 Syllogismen nur einen einzigen, der es erlaubt, auf einen allgemeinen bejahenden Satz zu schließen, und das ist Nummer 1. Das ist natürlich ein Engpass – und so versuchen viele, auch auf andere Weise einen allgemeinen Satz herauszuquetschen. Das Terroristenbeispiel ist nur eines unter vielen. Hier ein weiteres:

Alle Betrüger gehören hinter Gitter.
Einige Politiker betrügen.
Also gehören alle Politiker hinter Gitter.

Kurze Schlüsse

Schlüsse von der Art, wie sie oben dargestellt wurden, sind selten in der alltäglichen Diskussion. Stattdessen trifft man fast immer auf unvollständige Schlüsse – solche nämlich, in denen eine Prämisse stillschweigend weggelassen wird. Viele Menschen schließen, indem sie auf eine akzeptierte Tatsache verweisen und daraus die Konklusion ableiten. Dies setzt allerdings logisch voraus, dass man irgendeine allgemeine Prämisse im Sinn hat – denn aus bloßen Tatsachen folgt nichts. Die allgemeine Prämisse kann der Hörer rekonstruieren – und gegebenenfalls kritisieren. Hier ein Beispiel aus dem Alltag:

HERR MEIER Leg dich nicht mit dem an, der hat Ahnung.
FRAU MEIER Soll ich mich nur mit Leuten anlegen, die keine Ahnung haben?

Die Antwort deckt die Prämisse auf, die hinter der Empfehlung steckt, und lässt auf diese Weise die Luft aus dem Argument. Ähnlich kann man es öfters machen, wenn man es mit kurzen Schlüssen zu tun hat, denn im Gefecht der Worte wird manchmal gerade die problematischste Prämisse unterschlagen.

Viele kurze Schlüsse sind jedoch gutartig und wollen nicht betrügen, sondern dem Leser oder Hörer nur die Langeweile ersparen, sich durch einen Wust von Selbstverständlichkeiten hindurchzuarbeiten. Auch Aristoteles hat sich deshalb häufig der kurzen Schlüsse, die er *Enthymeme* nannte, bedient. Zum Beispiel in seiner Diskussion des Eigentums, die nicht in umständlichen Syllogismen fortschreitet, sondern alles das, was der Autor für selbstverständlich hält, weglässt. So wirbt er in der *Politik* mit diesem Argument für die Vorzüge des Privateigentums: »Wenn die größte Zahl von Menschen etwas gemeinsam besitzt, dann erfährt dies die geringste Pflege und Sorgfalt. Man kümmert sich ja am ehesten um persönliches Eigentum, um das der Allgemeinheit dagegen weniger oder nur in dem Maße, wie es einen persönlich angeht.« Der Schluss, dass Privateigentum der Vergesellschaftung des Besitzes vorzuziehen ist, ergibt sich daraus dann, wenn man die Prämisse hinzunimmt, dass es wünschenswert sei, dass Dinge so gut wie möglich gepflegt werden. Da dies jedoch selbstverständlich scheint, ist es legitim, diese Prämisse wegzulassen.

Quasilogik

Nun noch ein kleiner Anhang zur Logik – die Quasilogik. Das ist eine soeben von mir erfundene Bezeichnung für Schlüsse, die zwar eine Berechtigung haben, die aber im Gegensatz zu den zuvor besprochenen Schlüssen nicht streng gelten. Diese Schlüsse handeln von Wahrscheinlichkeiten. Auch zwischen Wahrscheinlichkeiten gibt es plausible Schlüsse. Ein besonders wichtiges Muster sieht so aus:

X ist wahrscheinlicher als Y.
X liegt nicht vor.
Also liegt auch Y nicht vor.

Beispiel:
Der kann doch nicht einmal eine Tiefkühlpizza backen!
Wie soll der Weihnachtskekse zustande bringen?

Die Überlegung, die dahintersteht, lautet: Wer das Leichtere nicht zuwege bringt, der wird auch am Schwereren scheitern. Natürlich ist das kein absolut sicherer Schluss – das unterscheidet ihn von den oben besprochenen. Wenn man sich aber innerhalb ein- und desselben Kontextes bewegt, hat der Schluss einiges für sich.

Nun zu einem weiteren quasilogischen Schluss, der gewissermaßen die Umkehrung des vorigen ist:

X ist unwahrscheinlicher als Y.
X liegt vor.
Also liegt auch Y vor.

Beispiel:
Der hat doch Mathematik studiert!
Dann kann er auch unsere Vereinskasse verwalten.

Auch dieses Schlussmuster ist oft gültig. Aber in manchen Fällen führt es auf eine falsche Konklusion. Es gilt nicht streng. Quasilogische Schlüsse dürfen nur im Bewusstsein ihrer begrenzten Reichweite eingesetzt werden – sonst werden sie zu einem Nährboden für Vorurteile.

Literatur

Die beste Darstellung der aristotelischen Logik findet man bei Leonhard Euler (1707–1783), und zwar in seinen *Briefen an eine deutsche Prinzessin*. Die logischen Briefe findet man auch unter www.aristoteles-heute.de. Euler hat diese Briefe an die Prinzessin Friederike Charlotte Ludovica Luise (1745–1808) geschrieben. Seine Methode, die logischen Verhältnisse mit Kreisen zu veranschaulichen, wurde vermutlich bereits von Aristoteles angewandt. Die Euler'schen Kreise wurden vielfach abgewandelt und systematisiert, so zum Beispiel auch von dem Logiker Lewis Carroll in seinem Buch: *Das Spiel der Logik*, Stuttgart 1998. Sehr brauchbar sind die praktischen Hinweise in Rupert Lay, *Dialektik für Manager*, Düsseldorf 2001. Die Geschichte der Logik ist im Handbuchartikel *Logik* im *Historischen Wörterbuch der Rhetorik*, Bd. 6, Tübingen 2001 nachzulesen. Zum selben Thema siehe auch den materialreichen Klassiker von Joseph M. Bochenski, *Formale Logik*, München, 1956. Logische Fehlschlüsse schließlich werden auf der (englischen) Website http://gncurtis.home.texas.net gesammelt und diskutiert.

11. Demontage

Persönliche Attacken und Mobbing kommen in der Philosophie so häufig vor wie anderswo auch. Mehrere Philosophen fielen in Athen einer Anzeige wegen Gotteslästerung zum Opfer, die von feindlich gesonnenen Kollegen angestrengt wurde. Sie wurden verjagt, verbannt – oder hingerichtet.

Das alles klingt nicht mehr sonderlich sachlich. Aber wer sagt, dass es in der Philosophie immer sachlich zugeht? Das wäre eine idealisierte Vorstellung vom philosophischen Diskurs. Auch unter den Denkern sind destruktive Praktiken beliebt. Der Wechsel von der sachlichen Ebene zur persönlichen gelingt dabei mühelos. Damit sind wir bei den Spielen der Zerstörung, denen man leicht ein eigenes Buch widmen könnte. Uns soll ein Kapitel genügen. Es will weniger zur Nachahmung anregen, sondern vor allem zeigen, was so alles vorkommt. Denn Vernichtungsspiele können, auch wenn sie nur mit Worten geführt werden, tragisch enden.

Einige der heftigsten philosophischen Hassgesänge verdanken wir dem Philosophen Arthur Schopenhauer, dessen ganze pessimistische Philosophie man als eine Verfluchung des Daseins schlechthin verstehen kann. Seine philosophische Produktion wird von einem nie schlafenden Hass angetrieben, der mal scharf zuschlägt, mal eher im Hintergrund glüht, aber immer fühlbar bleibt. Schopenhauer fluchte auf die Christen, den Islam und das Judentum. Passte ihm eine philosophische Position nicht, so redete er sich in Rage, wie etwa in seiner Diskussion der philosophischen Ethik Immanuel Kants (1724–1804). Dessen kategorischer Imperativ, so Schopenhauer, sei »ein Ruhepolster für Esel«. Dann kommt er zu Kants Meinung, dass der Mensch nur dem Menschen, nicht den Tieren moralischen Respekt schuldig sei. Der Tierfreund Schopenhauer poltert los: »Weil ... die christliche Moral die Thiere nicht berücksichtigt; so sind diese sofort auch in der philosophischen Moral vogelfrei, sind bloße ›Sachen‹, bloße Mittel zu beliebigen Zwecken, also etwa zu Vivisektionen (Aufschneiden des Körpers bei lebendigem Leib), Parforcejagden (Hetzjagden), Stiergefechten, Wettrennen, zu Tode peitschen vor dem unbeweglichen Steinkarren u. dgl. – Pfui!«

So weit Schopenhauer über Kant. Auch auf andere Philosophen war er nicht gut zu sprechen. Seinen Kontrahenten Hegel (1770–1831) titulierte er als »Scharlatan« und erklärte, dass die Hegel'sche Philosophie eine »Hanswurstiade« sei. Über Hegels Hauptwerk schrieb er den einmaligen Satz: »Wann immer ich die Seiten der *Phänomenologie des Geistes* aufschlug, war mir, als öffnete ich die Fenster zu einem Irrenhaus.« In Berlin hatte Schopenhauer versucht, mit Hegel zu konkurrieren, indem er sein Seminar über »die Lehre vom Wesen der Welt und dem menschlichen Geiste« absichtlich auf ebendie Stunde legte, an welcher Hegel seine Hauptvorlesung hielt. Der Versuch endete in einem Fiasko: Zu Schopenhauer kamen gerade mal 5 Studenten, während bei Hegel über 200 Hörer saßen. Es erübrigt sich zu sagen, dass Schopenhauers Anwürfe den Meister, der auf dem Gipfel seines Ruhmes stand, überhaupt nicht kümmerten.

Das ist im folgenden Fall anders. Auf den ersten Blick wirkt die Geschichte, die ich nun erzähle, viel wissenschaftlicher. Nirgendwo ein Kraftausdruck, nicht einmal ein lautes Wort. Alles spielt sich scheinbar auf sachlicher Ebene ab. Die Protagonistinnen sind Marion Soreth und Elisabeth Ströker, langjährige Kolleginnen am Kölner Institut für Philosophie. Doch die beiden sind ungleich: Frau Professor Ströker ist eine international renommierte Forscherin, Direktorin des Husserl-Archivs mit einer umfangreichen Publikationsliste. Frau Professor Soreth hingegen ist der Fachwelt weniger bekannt. Seit ihrer Dissertation (64 Seiten) hat sie nur ein einziges Buch (von 55 Seiten) und wenige Aufsätze veröffentlicht. Der große internationale Erfolg ihrer Kollegin muss ihr zu schaffen gemacht haben. Anders ist ihre Tat kaum verständlich. Die Geschichte beginnt am Abend des 2. Oktober 1990. Nach der

Rückkehr von einem Kongress in Hamburg findet Elisabeth Ströker auf ihrem Dienstschreibtisch ein Buch ihrer Kollegin. Verglichen mit den bisherigen Veröffentlichungen von Marion Soreth ist das Werk auffallend dick: Über 400 Seiten! Woher diese plötzliche Schreibfreude? Das Werk wirkt akkurat und wissenschaftlich, gespickt mit Fußnoten und Zitaten. Doch unter der glattgebügelten Decke brodelt es. Der Titel lautet: *Kritische Untersuchung von Elisabeth Strökers Dissertation über Zahl und*

Raum nebst einem Anhang zu ihrer Habilitationsschrift. Was im Gewand einer Studie einherkommt, erweist sich als Vernichtungszeremonie. Marion Soreth behauptet, dass die Ströker'sche Doktorarbeit ein Plagiat sei – zusammengestückelt aus anderen Büchern, ohne dass die Entlehnungen als solche gekennzeichnet sind. Den Beweis führt sie durch genauen Textvergleich – wobei sie links den Text der Ströker'schen Dissertation aufführt und rechts die entsprechenden Passagen aus Werken berühmter und weniger berühmter Denker, bei denen Frau Ströker sich stillschweigend ›bedient‹ hat. Die international bekannte Elisabeth Ströker – eine Schwindlerin? Erschienen ist das Buch im Selbstverlag der Marion Soreth, der den Titel *P & P Verlag* führt, was für *Publish and Perish* stehen soll – veröffentliche und verrecke. Sofort wird die Öffentlichkeit aufmerksam. In mehreren Artikeln, etwa in der *Zeit* oder im *Kölner Stadt-Anzeiger* wird genüsslich aus dem Buch zitiert, die Behauptungen der Marion Soreth werden als stichhaltig dargestellt, der Plagiatsvorwurf scheint erwiesen. Die philosophische Fakultät der Universität Köln gibt der Angreiferin Rückendeckung und erklärt, dass die Ströker'sche Dissertation den üblichen Normen nicht genüge. Ein Skandal? Die Universität Bonn, an der Elisabeth Ströker promoviert worden war, wird angerufen, in der Sache eine

Entscheidung zu treffen. Man setzt eilig eine Prüfungskommission ein. Diese folgt, nach monatelangen Beratungen, der Behauptung der Elisabeth Ströker, sie habe ihren Prüfern damals eine inzwischen verschwundene Fassung der Dissertation überreicht, welche mehr Fußnoten aufgewiesen habe. Zudem hält die Kommission der Attackierten zugute, dass damals ohnehin nicht so akkurat zitiert worden sei wie heutzutage. Das einstimmige Urteil lautet: Frau Ströker hat nicht abgeschrieben, sie darf ihren Doktortitel behalten. Ein Sieg für Frau Ströker. Kurz darauf eilen alte Freunde und Bekannte der Beschuldigten zu Hilfe. In einem ›Offenen Brief‹ in der Zeitschrift *Information Philosophie* verurteilen über 100 Professorinnen und Professoren die »einseitige Berichterstattung« in Sachen Ströker und erklären, Frau Ströker verdiene aufgrund ihrer vielen Schriften Respekt. Nun gerät Marion Soreth in Bedrängnis. In neuen Zeitungsartikeln wird nun über sie hergezogen, »blinder Hass« wird ihr unterstellt, man tituliert sie als »ausgewiesene Nicht-Wissenschaftlerin«. Elisabeth Ströker setzt zur Gegendemontage an und verklagt Marion Soreth auf Zahlung eines Schmerzensgeldes. Die Klage wird nicht nur mit der erlittenen Rufschädigung begründet, sondern auch durch den Hinweis auf den schweren Schock, den Frau Ströker erlitten hat, nachdem sie mit den Vorwürfen der Frau Soreth konfrontiert worden war. Monatelang sei sie arbeitsunfähig gewesen und habe mit schwersten gesundheitlichen Problemen in der Klinik gelegen. Doch das Gerichtsverfahren führt nicht zu dem erwünschten Ergebnis. Es gibt kein Urteil und auch kein Schmerzensgeld, sondern nur eine Vereinbarung, in der sich Marion Soreth verpflichtet, elf persönlich beleidigende Zeilen aus dem Nachwort ihres Buches zu löschen. Der Streit geht auch danach weiter. Neue Artikel werden geschrieben, Leserbriefe verschickt, Gerichtsverfahren angestrengt. Irgendwann wendet sich die Öffentlichkeit von dem Fall ab.

Und die Sache selbst? War die Arbeit nun ein Plagiat oder nicht? Interessant und typisch für Zerstörungsspiele ist vor allem, wie die Angreiferin von den verschiedenen Parteien wahrgenommen wird.

Wer auf Seiten von Frau Ströker stand und zu der Meinung gelangt ist, dass Frau Ströker *kein* Plagiat verfasst hat, der neigt dazu, Marion Soreth niedrige Motive zu unterstellen, z. B. krankhaften Hass oder Neid auf die erfolgreiche Kontrahentin. So sahen es nach dem Beschluss der Bonner Kommission viele Philosophen, einschließlich Frau Ströker selbst und einige Journalisten. Diejenigen aber, die trotz des Bonner Beschlusses an der Meinung festhielten – und das waren nicht wenige –, dass Frau Ströker in ihrer Dissertation sehr wohl abgeschrieben habe, sahen auch die Person Marion Soreth und ihre Motive in anderem Licht. Für den renommierten Philosophen Hans Wagner etwa steht eher berechtigte Empörung über einen empörenden Fund hinter der Arbeit der Marion Soreth. Schließlich ist Mut erforderlich, um eine etablierte Philosophin, die weltweit Freunde hat, anzugreifen.

Am Ende hinterlässt die Geschichte keine Siegerin. Marion Soreth fühlt sich, wie sie in ihrer Dokumentation des Falles bekennt, höchst unfair behandelt. Elisabeth Ströker, die sich formal als Siegerin fühlen durfte, wurde auch nicht froh. Ihr Ruf ließ sich nicht wiederherstellen. Im Jahre 2000 erscheint ihr Buch *Im Namen des Wissenschaftsethos – Jahre der Vernichtung einer Hochschullehrerin in Deutschland 1990–1999*. Der Umschlag ist schwarz und weiß gehalten wie eine Traueranzeige. Es ist das letzte Werk Elisabeth Strökers – wenige Monate später stirbt sie.

Nun zu unserem letzten Fall, der zeigen soll, dass Demontage nicht immer offen auftritt, sondern auch als »lustiger Spaß« daherkommen kann. Sie maskiert sich mit dem Lachen. Denn ein massiver Angriff wird viel eher toleriert und sogar gutgeheißen, wenn er als Scherz inszeniert wird. Mein Beispiel ist das sogenannte Busenattentat auf den Philosophen Theodor W. Adorno. Dieses Attentat bildet den Höhepunkt in einer längeren Reihe von Übergriffen, die in den Jahren 1968 und 1969 aus den Reihen der Studentenbewegung auf den Philosophen verübt wurden. Das Ereignis ist bekannt: Am 22. April 1969 will Adorno im Hörsaal VI der Frankfurter Universität seine »Einführung in das dialektische Denken«

beginnen. Doch im Saal wird gelärmt und gepfiffen. Die bekannten »Störungen«, von Aktionstruppen des Sozialistischen Deutschen Studentenbundes (SDS) vorbereitet und durchgeführt. Adorno sagt: »Ich gebe Ihnen fünf Minuten Zeit. Entscheiden Sie, ob meine Vorlesung stattfinden soll oder nicht.« Da nähern sich drei in Lederjacken gekleidete Studentinnen. Sie umtanzen den Herrn am Katheder, versuchen, ihn zu küssen. Schließlich reißen sie ihre Jacken auf und halten dem Professor ihre nackten Brüste hin. Johlendes Gelächter! Der schockierte Philosoph greift seine Aktentasche, hält sie vors Gesicht und läuft aus dem Hörsaal. Das Ganze wird oft als Anekdote erzählt und Robert Gernhardt hat sogar ein humorvolles Gedicht darauf verfasst. Darin tauchen statt drei nur zwei Protagonistinnen auf – die Szene wird so beschrieben:

> Rums! Da ziehn die beiden los,
> Und vier Brüste schrecklich groß,
> jäh befreit von allen Stoffen,
> Herrlich bloß und gänzlich offen, ...
> Lockend, drängend, wogend, prangend
> Einen ganzen Mann verlangend,
> Ragend, dräuend, drohend, schwellend,
> Allen Geist in Frage stellend,
> Recken sich dem Prof entgegen,
> welcher stumm erst, dann verlegen,
> dann erschreckt das Weite sucht.

Wer wäre damals nicht gern dabei gewesen in Hörsaal VI? Die ganze Sache scheint sehr lustig gewesen zu sein. Man stutzt nur ein wenig, wenn man weiterliest:

Das Busen-Attentat gab zwar
Dem Prof den Rest – : Im gleichen Jahr
Verstarb der Philosoph ...

Ach ja, denkt man sich, Adorno ist ja noch im selben Jahr gestorben, genauer gesagt am 6. August 1969. Sollte das am Ende etwas
mit dem Anschlag zu tun haben? Im Gedicht heißt es fröhlich:

Mit der Zeit wird alles heil,
Nur der Teddie (= Theodor Adorno) hat sein Teil.

Wer weiß, vielleicht war die Szene für Adorno nicht so komisch
wie für die Lachgemeinde im Hörsaal VI? In einem kurz nach dem
Vorfall veröffentlichten *Spiegel*-Interview ist die Verstörung des
Philosophen jedenfalls deutlich zu spüren. Vielleicht lohnt es,
nachzusehen, was andere an diesem Tag im Hörsaal VI gesehen
haben. Der Filmemacher Guido Knopp war Augenzeuge des
Vorfalls. In einem Interview über seine Studienzeit in Frankfurt
erzählt er: »Alle im Saal lachten. Ich saß ziemlich weit vorne, mir
tat er leid. Drei hüpfende Busen in Augenhöhe, und dieser sehr im
Theoriedenken verhaftete Mann versucht, sich mit der Aktentasche
zu wehren. Ich sah, daß er fassungslos war. Irgendwann läßt er die
Aktentasche hängen und bricht in Tränen aus. Und dann führen
ihn seine Assistenten weg. Das war eine sehr bewegende Szene.«
     Geweint hat er also? Es ist kein Zufall, dass die Tränen des
Opfers im Gedicht nicht auftauchen. Lachen verträgt sich nicht mit
Mitleid. Wer möchte schon gern den Zeigefinger heben, wenn
andere sich amüsieren? Wer sich gegen lustige Dinge wehrt, steigert die Heiterkeit. Lachen schafft dem Angreifer im Handumdrehen Komplizen – weil es schön ist, mitzulachen, ganz gleich,
worüber. Deshalb ist es eine beliebte Technik, Leute im Wind-
schatten des Gelächters zur Strecke zu bringen.

Literatur

Ein Übersichtsartikel zum Thema (*Fluch, Fluchen, Flucher*) findet sich in der *Enzyklopädie des Märchens*, Berlin, New York 1984. Aufschlussreich ist auch das berühmte Kapitel über den *Streit* in Georg Simmels *Soziologie*, Frankfurt am Main 1992 (1908). Hinweisen möchte ich auf das Kapitel *Haß* in dem lesenswerten Buch mit dem altmodischen Titel *Die menschliche Natur* von Hans Lipps (Frankfurt am Main 1977 (1941)). Über Schopenhauers Hasstiraden informiert übersichtlich Franco Volpi, *Arthur Schopenhauer: Die Kunst zu beleidigen*, München 2002. Der Wahlamerikaner Reinhold Aman (aus Fürstenzell / Niederbayern), gibt die Zeitschrift *Maledicta* heraus, das weltweit einzige *Journal für verbale Aggression* (ISSN US 0363-3659), und betreut die Website www.maledicta.org, auf der sich auch deutsche Beiträge finden. Für seine Leidenschaft fürs Fluchen musste er manches erleiden, hat er doch 15 Monate in diversen Gefängnissen und Korrektionsanstalten gesessen, weil er an seine von ihm geschiedene Frau zwei unfreundliche Postkarten gesandt sowie ein Pamphlet gegen die »juristischen Schleimscheißer von Wisconsin« publiziert hat. Dies hat gewisse Parallelen zu Begebenheiten in Arthur Schopenhauers Leben, der ebenfalls wegen Verbalinjurien und Tätlichkeiten gerichtlich belangt wurde. Zu der Auseinandersetzung Ströker-Soreth siehe auch Marion Soreth, *Dokumentation zur Kritik an Elisabeth Strökers Dissertation*, 2. Aufl., Köln 1996.

12. Gedankenexperimente

In alten Zeiten war die Fabel in der Philosophie beliebt. Solche Geschichten sind aus der Mode gekommen. Stattdessen bedient man sich heute der sogenannten Gedankenexperimente.

Sie beginnen nicht mit »Es war einmal ...«, sondern mit »Nehmen wir einmal an ...« oder »Stellen wir uns vor ...« Sie übernehmen also den Gestus des naturwissenschaftlichen Experimentators: Das macht sie so zeitgemäß. Auch im Alltag stellt man sich oft etwas vor, was nicht ist, aber sein könnte, zum Beispiel, was man machen würde, wenn man im Lotto gewinnt. Das sind noch keine Gedankenexperimente. Ein solches liegt erst dann vor, wenn die Phantasiegeschichte als *Argument in einer Diskussion* benutzt wird und dazu dient, eine bestimmte Meinung zu begründen.

»Stell dir vor, es ist Krieg, und keiner geht hin« – hier haben wir einen Klassiker. Der Satz, auf den wir später noch zurückkommen, ist so etwas wie das Motto der Friedensbewegung. Oft wird er Bertolt Brecht (1898–1956) zugeschrieben. Man kann ihn als Gedankenexperiment ansehen. Was wird aus einer Kriegserklärung, wenn sie einfach ignoriert wird – von den Soldaten, von den Generälen und schließlich auch vom Feind? Und zeigt nicht dieses Gedankenexperiment einen einfachen Weg, Kriege zu verhindern? So sehen es jedenfalls die Pazifisten seit den sechziger Jahren.

Unsterblichkeit

Wenn es um philosophische Fragen geht, werden Gedankenexperimente bisweilen ausladend. Nehmen wir zum Beispiel die Frage, wie das Leben aussähe, wenn man nicht sterben müsste. Würde man ewig leben, so könnte man jedes Vorhaben angehen und mit viel mehr Zuversicht, da ja beliebig viele Jahre, ja, die ganze

Ewigkeit vor einem liegt. Auch der Neid hätte kaum noch eine Grundlage, da man sich ja sagen könnte, was der andere hat, das kann ich auch haben, wenn auch vielleicht nicht jetzt, dann doch in zehntausend Jahren. Mit Frust und Enttäuschung wäre Schluss, denn welche Ursache hätte man noch, verbittert zu sein, wenn man vor sich ein unendliches Leben sieht, das einem zu irgendeiner Zeit schon das gewähren wird, was man ersehnt? Es gibt freilich auch Leute, die sich ein ewiges Leben schrecklich vorstellen – und den Tod als etwas Begrüßenswertes. Zu ihnen gehört der englische Schriftsteller Jonathan Swift (1667–1745). In seinem Roman *Gullivers Reisen* entwirft er ein Gedankenexperiment dazu.

Was wäre denn wirklich, wenn man nicht stirbt, fragt Swift. Und er erzählt die Geschichte von den Struldbruggs. Von diesem Völkchen erfährt Gulliver auf einer seiner Reisen. Sie seien, so erklärt man ihm, unsterblich. Sie werden mitten unter den übrigen sterblichen Menschen geboren – man erkenne sie daran, dass sie einen roten Fleck über der linken Augenbraue haben. Dieser Fleck ändert dann mit der Zeit seine Farbe – er ist indes ein untrügliches Erkennungszeichen. Eine Person, die diesen Fleck hat, stirbt nicht.

Gulliver meint zu seinen Begleitern, die ihm die Geschichte erzählen, das sei doch fabelhaft, und er preist die Nation glücklich, wo jedes Kind zumindest die *Chance* habe, unsterblich zu sein! Und am allerglücklichsten seien jene Struldbruggs, die ganz ohne lästige Angst vor dem Tod sorglos leben können.

Und sofort malt sich Gulliver aus, wie heiter sein eigenes Leben würde, wenn er wüsste, dass er unsterblich wäre. Als Unsterblicher könnte er sich für ganz neue Hobbys erwärmen! Sofort würde er sich der Astronomie zuwenden, da er sicher sein könnte, dass er auf jeden Fall lange genug leben würde, um nachzuprüfen, ob seine eigenen Voraussagen zuträfen. Betrüge die Umlaufzeit eines Kometen einige tausend Jahre, so würde ihn das nicht stören, da er zuversichtlich warten könnte auf sein nächstes Erscheinen.

Daraufhin lachen Gullivers Begleiter und schütteln den Kopf.

Und es wird ihm erklärt, dass es mit der Unsterblichkeit wohl doch anders wäre. Ab einem Alter von dreißig Jahren werden die Struldbruggs, so der Bericht, melancholisch und entwickeln nach und nach alle Sonderbarkeiten alter Menschen. Und mehr noch, diese Sonderbarkeiten verstärken sich, weil die Struldbruggs noch dazu die unangenehme Aussicht haben, nie zu sterben. Sie werden langsam gefühlskalt und unfähig zur Freundschaft. Sie beneiden alle, die sterben, weil diese endlich einen Ruhepunkt gefunden hätten. Ihre Erinnerung lässt nach – nur an das, was sie in ihrer Jugend gelernt haben, können sie sich noch erinnern.

Nachdem sie achtzig geworden sind, werden sie von Rechts wegen für tot erklärt und die Nachkommen teilen das Erbe auf. Mit neunzig verlieren sie Haare und Zähne, nach zweihundert Jahren können sie sich nicht mehr unterhalten, da ihre Sprache langsam außer Gebrauch kommt. Sie leben wie Fremde in ihrem eigenen Land.

Diese Erzählung verblüfft Gulliver. So hatte er sich das ewige Leben natürlich nicht vorgestellt. Das ist ja eher ein unendlich langsamer Zerfall! Und noch trauriger, weil er nicht alle, sondern nur wenige trifft! Und er wünscht nicht länger, unsterblich zu sein. Etwas voreilig, wie wir feststellen müssen. Er hätte sich ja auch sagen können: »Nun gut, die Struldbruggs werden eben zum falschen Zeitpunkt unsterblich. Ich hingegen stelle mir die Unsterblichkeit als eine ewige Jugend und einen ewigen Frühling vor und wünsche mir, mit 20 unsterblich zu werden.« Doch sind wir damit bereits bei der Praktik des Variierens von Gedankenexperimenten, auf die ich später eingehe. Zunächst ein weiteres Beispiel – aus der Physik.

Steine im freien Fall

Auch bei der Beschäftigung mit handgreiflichen Dingen sind Gedankenexperimente hilfreich. Ein bekanntes Beispiel findet sich bei Galileo Galilei (1564–1642).

Es geht dabei nicht um Tod und Unsterblichkeit, sondern um die eher praktische Frage, ob alle Dinge von Natur aus gleich schnell fallen. Gewöhnlich neigen wir zu der Ansicht, dass schwere Körper schneller fallen als leichte. Braucht nicht eine Flaumfeder

Galileo Galilei

viel länger, bis sie am Boden ankommt, als eine Metallkugel? Jahrhundertelang galt eine auf Aristoteles zurückgehende Lehrmeinung, wonach Körper umso rascher fallen, je schwerer sie sind. Der Physiker und Naturphilosoph Galilei glaubte nicht daran. Und er führte, um sie zu widerlegen, nicht nur Messungen durch, sondern dachte sich auch ein Gedankenexperiment aus:

Man stelle sich, so schreibt er, zwei fallende Steine vor, einen leichteren und einen schwereren. Nach der Lehre des Aristoteles müsste der leichtere langsamer fallen und der schwerere schneller. Wenn man nun beide zusammenbindet, dann wird der leichtere den Fall des schwereren verzögern. Das gesamte System wird also langsamer werden. Aber, und nun kommt der Haken, die beiden Steine bilden ja verbunden einen größeren, schwereren Stein, und der müsste sich eigentlich nach der Voraussetzung schneller bewegen als die beiden getrennten Steine! Es zeigt sich also, dass die Lehre des Aristoteles, wenn man sie einmal in Gedanken an einem Beispiel durchspielt, zu Widersprüchen führt. Etwas scheint da also faul zu sein. Dieses Gedankenexperiment wird bis heute unter Physikern herumgereicht und gilt als Klassiker. Wenig beachtet wird dabei gewöhnlich, dass man durch geeignete Beispiele, etwa den Fallschirm, durchaus die Position des Aristoteles stark machen könnte.

Der Schleier des Nichtwissens

In den Überlegungen zur praktischen Philosophie, die sich mit der Frage beschäftigt, wie wir handeln sollen, sind Gedankenexperimente besonders beliebt. Hier schwelgen die Philosophen nur so in Schilderungen möglichst ausgeklügelter Fälle. Da liest man von hungernden Schiffbrüchigen in einem Boot, die sich fragen, ob sie einen töten und aufessen dürfen, oder von einem Feuerwehrmann, der sich in einem brennenden Embryonenlabor entscheiden muss, ob er die Embryonen in den Reagenzgläsern oder das schreiende Baby, das dort zufälligerweise in einer Wiege liegt, retten soll.

Wir wollen uns lieber an einfachere Modelle halten. Zunächst ein Gedankenexperiment, das den kategorischen Imperativ betrifft, der uns in diesem Buch schon begegnet ist. Er lautet, wie erinnerlich: »Handle so, daß die Maxime deines Handelns jederzeit zugleich Prinzip einer allgemeinen Gesetzgebung sein könnte.« Aus diesem Imperativ leitete Kant ein universelles Verbot zu lügen ab, das er in einer eigenen Schrift verteidigt.

Gegen das kategorische Lügenverbot spricht ein naheliegendes Gedankenexperiment, das sich in der Literatur vielfach findet und das von Kant in einer abgeschwächten Version bereits diskutiert wird. Stellen wir uns einen Mann vor, der zu Zeiten des Dritten Reichs einen jüdischen Mitbürger versteckt hält. Eines Tages stehen zwei Leute der Gestapo vor der Tür und fragen ihn, ob er hier Juden versteckt halte. Was tun? Soll der Mann lügen und auf diese Weise seinen Schützling (und sich selbst) retten? Oder soll er die Wahrheit sagen, getreu dem kategorischen Gebot, dass man immer die Wahrheit sagen soll?

Die meisten, die sich mit diesem Gedankenexperiment befassen, stellen schließlich fest, dass sie es intuitiv für moralischer halten, in *dieser* Situation zu lügen. Vielen erscheint ein Mensch, der *grundsätzlich* die Wahrheit sagt, moralisch pervers. Man kann ohnehin überlegen, ob es denn überhaupt moralische Grundsätze geben kann, die *immer* gelten. In jedem Fall zeigt das Beispiel, dass ein Gedankenexperiment, auch wenn es in fünf oder sechs Sätzen erklärt werden kann, die Kraft hat, eine renommierte Lehre bis ins Mark zu erschüttern.

Bisweilen sind Gedankenexperimente in der praktischen Philosophie deutlich komplizierter. Hier ein Gedankenexperiment, das in den siebziger und achtziger Jahren sehr populär war. Es trägt den schönen Titel *Der Schleier des Nichtwissens*, welcher eher an ein orientalisches Märchen denken lässt. Worum geht es? Der amerikanische Philosoph John Rawls wollte herausfinden, nach welchen Prinzipien eine gerechte Gesellschaft aufgebaut sein müsse.

Um in dieser Frage weiterzukommen, stellte er sich eine Ansammlung von Menschen vor, die über den richtigen Gesellschaftszustand verhandeln. Das ist so weit wenig spektakulär. Allerdings macht Rawls die exotische Voraussetzung, dass es sich um lauter sozusagen blinde Menschen handeln müsse. Sie dürfen nichts über ihre privaten Besitztümer, ihr Erbe, ihre Ausbildung oder ihre Talente wissen. Solcherart absichtlich mit Blindheit geschlagen, sollen die Leute dann über die Verfassung, die sie sich geben möchten, entscheiden. Natürlich soll durch die seltsamen Vorkehrungen sichergestellt sein, dass die Menschen sich wirklich auf eine gerechte Gesellschaftsordnung einigen und nicht auf eine, die nur ihren eigenen Interessen nutzt.

Nach Rawls wird sich die fiktive Versammlung auf folgende Grundregeln einigen:

1. Jedermann soll gleiches Recht auf das umfangreichste System gleicher Grundfreiheiten haben, das mit dem gleichen System für alle anderen verträglich ist.
2. Soziale und wirtschaftliche Ungleichheiten sind so zu gestalten, dass
   a) vernünftigerweise zu erwarten ist, dass sie zu jedermanns Vorteil dienen, und
   b) sie mit Positionen und Ämtern verbunden sind, die jedem offenstehen.

Zweifellos sind dies bedenkenswerte Grundsätze. Dennoch hat sich an den Rawls'schen Überlegungen eine kritische Debatte entzündet. Ist ein Gedankenexperiment überhaupt der richtige Weg, um über die ›gerechte Verfassung‹ eines Gemeinwesens zu diskutieren? Müssen nicht moralische Regeln auf der Grundlage einer gewachsenen Kultur zwischen konkreten Personen ausgehandelt werden? Wie sonst sollten sie verbindlich sein? Solche Einwände wurden vor allem von der Gruppe der sogenannten Communitaristen (von community = Gemeinschaft) vorgetragen. Der Streit zwischen John Rawls und den Vertretern dieser Gruppe ist zur Zeit noch im Gange.

Weiterdenken und variieren

Gedankenexperimente in wissenschaftlichen Texten haben eine merkwürdige Verführungskraft. Sie erzählen, wo sonst nur abgeleitet, unterschieden und kombiniert wird. Umso wichtiger, dass man lernt, Gedankenexperimenten kritisch gegenüberzutreten.

Sehen wir uns nochmals unser erstes Beispiel an: »Stell dir vor, es ist Krieg und keiner geht hin.« Unter welchen Vorzeichen dieser Spruch von der Friedensbewegung gebraucht wird, hatte ich dargelegt. Universelle Kriegsdienstverweigerung würde danach den Krieg zum Verschwinden bringen und Frieden herbeiführen. Eine schlüssige Vorstellung. Wie lässt sie sich kritisieren? Man kann das Gedankenexperiment variieren, um zu prüfen, wie tragfähig es ist. Gegner der Pazifisten haben dies unternommen. Sie haben darauf hingewiesen, dass die ganze Überlegung ins Wanken gerät, wenn man von dem utopischen Fall, dass keiner hingeht, zu dem realistischeren übergeht, dass *einige wenige* Kriegsbegeisterte doch losziehen. In Zeiten der Massenvernichtungswaffen würden aber auch einige genug ausrichten können, um alle anderen in Mitleidenschaft zu ziehen. Schon wenige könnten einen Kriegszustand herbeiführen, was ja auch tatsächlich der Fall ist, wenn man an Terrorakte denkt. Eine leichte Abwandlung des Gedankenexperiments führt also unmittelbar auf Probleme und verdeutlicht eine Schwäche.

Übrigens kann man nachweisen, dass Brecht, dem das Zitat gewöhnlich zugeschrieben wird, in Wirklichkeit ganz und gar nicht der Meinung war, man solle Kämpfe meiden. Er war im Gegenteil ein großer Befürworter von Kampf und Krieg und hatte gar keine gute Meinung von der Kriegsdienstverweigerung. Es ist lehrreich, sich anzusehen, welchen Sinn der berühmte Satz in seinem ursprünglichen Kontext hatte. Er findet sich in einer illegalen Brechtausgabe, die in den sechziger Jahren von einem anonymen Herausgeber in den Handel gebracht wurde. Dieser anonyme Herausgeber hat den Spruch »Stell dir vor, es ist Krieg und keiner geht hin« über ein Brecht-Gedicht montiert. In der ursprünglichen Fassung wird der Text so fortgesetzt:

> Stell dir vor, es ist Krieg und keiner geht hin
> dann kommt der Krieg zu dir.
> Wer zu Hause bleibt, wenn der Kampf beginnt
> Und läßt andere kämpfen für seine Sache
> Der muß sich vorsehen: denn
> Wer den Kampf nicht geteilt hat
> Der wird teilen die Niederlage.
> Nicht einmal den Kampf vermeidet
> Wer den Kampf vermeiden will: denn
> Er wird kämpfen für die Sache des Feinds
> Wer für seine eigene Sache nicht gekämpft hat.

Man sieht: Was hier angeprangert wird, ist nicht etwa das In-den-Krieg-Ziehen, sondern das Zuhausebleiben! So endet das schöne Gedankenspiel bei Brecht nicht in friedvollen Visionen, sondern in düsteren Warnungen.

Und nun noch ein weiteres Beispiel. Ich komme dabei nochmals auf das ewige Leben zurück. Allerdings diesmal nicht in der Version des unendlich langsamen Verfalls, sondern als ewige Wiederkehr des Gleichen. Man stirbt dann zwar, kommt aber wieder – nach einer gewissen Zeit. Man wird irgendwann nochmals geboren, wächst auf, arbeitet und lebt – und stirbt ein zweites Mal. Und wird wieder geboren – und so weiter und so weiter. Eine etwas bizarre Idee. Sie ist in manchen östlichen Religionen verbreitet – im Westen wurde sie von Friedrich Nietzsche (1844–1900) propagiert. Ihm verdanken wir auch den Gedanken, dass die ewige Wiederkehr des Gleichen nicht nur eine spleenige Idee ist, sondern beweisbar sei. Hier die entscheidende Überlegung, die aus dem Frühjahr 1888 stammt:

»Wenn die Welt als bestimmte Größe von Kraft und als bestimmte Zahl von Kraftzentren gedacht werden darf – und jede andere Vorstellung bleibt unbestimmt und ist folglich unbrauchbar – so folgt daraus, daß sie eine berechenbare Zahl von Kombinationen im großen Würfelspiel des Daseins durchzumachen hat. In einer unendlichen Zeit würde jede mögliche Kombination einmal erreicht sein; mehr noch, sie würde unendliche Male erreicht sein. Und da zwischen jeder ›Kombination‹ und ihrer nächsten ›Wiederkehr‹ alle überhaupt noch möglichen Kombinationen abgelaufen sein müßten und jede dieser Kombinationen die ganze Folge der Kombinationen in derselben Reihe bedingt, so wäre damit ein Kreislauf von absolut identischen Reihen bewiesen.«

Nietzsche bezeichnet diesen Gedanken als »das größte Schwergewicht« und glaubt, dass er auch moralische Relevanz habe. Man müsse sich nämlich bei allem, was man tut, fragen: »Willst du dies noch einmal und noch unzählige Male?« Es ist klar, dass nicht viele Dinge diesen Test bestehen.

So weit Nietzsche. Wie kann man nun sein Gedankenspiel kritisch beleuchten? Zunächst einmal, indem man seine Voraussetzungen in Frage stellt. Ist die Zeit unendlich? Kann es einen bestimmten Weltzustand geben, der sich genau feststellen lässt? Ist die Welt wirklich endlich, wie von Nietzsche vorausgesetzt? Fast alle diese Voraussetzungen sind fraglich. Man kann sich also zurücklehnen und sagen: Dein Beweis ist gut, nur stimmen die Voraussetzungen nicht.

Man kann dem Gedankenexperiment noch auf andere Weise beikommen, nämlich indem man in das Modell einsteigt und sich ansieht, ob es wirklich das leistet, was es verspricht. Dazu ist es gut, sich einen speziellen Fall vorzunehmen.

Natürlich einen Fall, der diese Lehre in Schwierigkeiten bringt. Der Philosoph Georg Simmel (1858–1918) hat sich einen solchen Fall ausgedacht. Es ist ein einfaches Modell, benötigt jedoch etwas Schulmathematik. Es geht nicht um große, geschichtsträchtige Ereignisse, die sich da wiederholen sollen. Vielmehr wählt Simmel einen mechanischen Prozess. Ausgangspunkt sind drei Räder, die sich drehen, weiter nichts. Man spricht ja auch vom Rad der ewigen Wiederkehr – insofern ist das Modell durchaus passend. Es ist auch deshalb angebracht, mit einem mechanischen Modell zu arbeiten, da Nietzsche selbst mit naturwissenschaftlichen Argumenten daherkommt.

Stellen wir uns also drei genau gleich große Räder vor, die um dieselbe Achse laufen. In einer Linie markiert man jetzt auf allen drei Rädern einen Punkt. Und dann schubse man die Räder an. Und zwar so, dass das zweite Rad doppelt so schnell rotiert wie das

erste. Das dritte Rad aber, das die Aufgabe hat, das Gedankenspiel Nietzsches ins Schlingern zu bringen, soll die Umdrehungsgeschwindigkeit von $\frac{1}{\pi}$ erhalten (π = die Zahl pi = 3,14159265 ...). Und nun mögen diese Räder unendlich lange weiterlaufen, was alles möglich ist, wenn wir uns vorstellen, dass es keine Reibung gibt. Die Frage ist nun: Wann liegen die Punkte wieder auf einer Linie? Oder anders: Wann ereignet sich die Wiederkehr des Gleichen?

Da sich das zweite Rad doppelt so schnell dreht wie das erste, werden die drei Punkte hier schon nach zwei Umdrehungen wieder auf einer Linie sein und dann wieder nach vier Umdrehungen und so weiter. Die Wiederkehr des Gleichen ist gesichert. Nietzsche triumphiert! Nur das dritte Rad macht Schwierigkeiten. Wie war noch einmal seine Umdrehungsgeschwindigkeit? Richtig: Wenn sich das erste Rad einmal um seine Achse gedreht hat, so soll sich das dritte Rad $\frac{1}{\pi}$-mal drehen. Gut. Und wenn es sich zweimal um seine Achse gedreht hat, sollte sich das dritte Rad $\frac{2}{\pi}$ - mal gedreht haben. Alles wäre kein Problem, wenn π genau = 3 wäre. Dann lägen die zwei Punkte schon nach 3 Umdrehungen des ersten Rades wieder auf einer Linie. Aber π ist unglücklicherweise eine irrationale Zahl, sie schleppt hinter ihrem Komma eine unendliche Kolonne weiterer Zahlen, die niemand je ganz errechnet hat: π = 3,14159265...

Und *diese* Unendlichkeit der Zahl π, so harmlos sie wirkt, hat einen längeren Atem als Nietzsches Unendlichkeit. Denn kein einziger der Brüche $\frac{1}{\pi}$, $\frac{2}{\pi}$, $\frac{3}{\pi}$ ... kann jemals wieder zu einer ganzen Zahl werden, auch wenn die Räder sich ewig drehen. Und zur ganzen Zahl müsste der Bruch werden, da nur dann alle drei Punkte auf den drei Rädern wieder auf einer Linie wären.

Was folgt daraus? Es gibt wenigstens einen Weltzustand, von dem man mit mathematischer Sicherheit sagen kann, dass er sich *nicht* wiederholt. Die Räder verfehlen sich. Damit aber verliert Nietzsches Beweis seine Überzeugungskraft. Denn wenn noch nicht mal garantiert werden kann, dass Räderwerke das tun, was

Nietzsche will, wie sollten sich dann geschichtliche Ereignisse, die unendlich viel komplizierter sind, wiederholen?

Und wo bleibt die Kreativität?

Denken, so meinen viele, sei irgendwie mit Einfällen, Ideen oder ähnlichem verbunden. Kurz gesagt: mit Kreativität. Gerade Gedankenspiele, so scheint es, können ohne Kreativität überhaupt nicht entstehen.

Man sollte sich jedoch daran erinnern, dass *innovare* eigentlich – wenn man sich auf die lateinische Bedeutung besinnt – auch meint: *Sich einer Sache von neuem hingeben*. Also nicht Neuheit, die vom Himmel fällt, sondern die immer wieder erneute Beschäftigung mit etwas! Auf dieselbe Weise funktionieren ja die Argumentationstechniken in diesem Buch, die allesamt voraussetzen, dass schon irgendetwas gegeben ist, das man umfunktionieren kann.

Die Einsicht, die dahintersteht, ist, dass neue Argumente meistens aus alten entstehen, genauso wie neue Bilder aus alten hervorgehen oder neue Songs aus solchen, die man kennt. Man nehme etwas, das es schon gibt – und wandle es ab! Dies muss kein stumpfes Abschreiben sein – sondern kann sich als ein stetes Übernehmen und Verändern darstellen, getreu der Maxime: Nichts ist so gut, dass es nicht noch besser werden könnte. Und ganz genauso entstehen neue Gedankenexperimente in aller Regel aus alten. Bisweilen sind auch Witze oder Romanfragmente der Ausgangspunkt.

Mein Beispiel für diese These ist ein verblüffendes und anscheinend geniales Gedankenexperiment. Es stammt von Umberto Eco. Dabei geht es um die Frage, ob es möglich ist, die Welt *ganz genau* zu beschreiben. Keine müßige Frage, da doch die Physiker beständig behaupten, ebendies sei es, was sie demnächst hinbekommen, und sie seien einer sogenannten Weltformel auf der Spur, aus welcher sich dann alles bis ins Detail ableiten lasse. Aber kann es eine wirklich vollständige und genaue Formel geben, die alles im Weltall, wirklich *alles* beschreibt?

Dies ist, um das Ergebnis vorwegzunehmen, nicht möglich. Und das Gedankenexperiment von Eco zeigt es. Er stellt sich die Aufgabe, die theoretische Möglichkeit einer Karte eines Landes (»des Reiches«, wie er schreibt) im Maßstab 1:1 zu ermitteln. Die Karte muss diesen Maßstab haben, damit sie maximal genau ist. Dabei gilt die Voraussetzung, dass das Reich dem Universum entspricht, also unendlich groß ist. Daraus folgt, dass die Karte im Reich selbst entstehen muss. Ferner müssen unter anderem die Bedingungen größtmöglicher Genauigkeit erfüllt sein, und dabei soll die Karte doch eine Karte bleiben, also aufklappbar sein. Eco unterscheidet nun drei Varianten einer solchen Karte, nämlich 1. die undurchsichtige, auf dem Territorium liegende Karte, 2. die aufgehängte Karte, 3. die transparente und durchlässige, liegende und drehbare Karte.

Eco stellt zunächst fest, dass zum Zusammenfalten und Neuausrichten der Karte eine Zentralwüste existieren müsse. Anschließend diskutiert er die ökologischen Probleme, die durch eine solche Riesenkarte entstehen würden, die neuen Winde, die sie erzeugen würde, gleichgültig, wie sie hergestellt wäre. Das alles ist interessant, würde aber die Möglichkeit der Karte noch nicht zwingend widerlegen. Ein wirkliches Problem ist hingegen Folgendes: Sobald die Karte fertiggestellt ist und das gesamte Territorium bedeckt, verändert sie ihren Gegenstand. »Das Reich«, welches sie darstellt, ist nun dadurch charakterisiert, dass es ein gänzlich von einer Karte bedecktes Gebiet ist. Und diesem Umstand trägt die Karte nicht Rechnung. Es sei denn, sie zeigte eine zweite Karte, die das Territorium mitsamt der darauf liegenden oder auch hängenden Karte zeigte. Doch dies wäre ein Prozess ohne Ende.

Und so kommt Eco schließlich zum folgenden Schluss:

1. Eine Karte im Maßstab 1:1 gibt das Territorium immer nur ungenau wieder.
2. Das Reich wird im selben Moment, in dem man seine Karte erstellt, undarstellbar.

So viel zu diesem Gedankenspiel. Es wird einen skeptisch gegenüber dem Optimismus stimmen, dass man irgendwann einmal eine universelle und zugleich vollständige Erkenntnis erreichen könnte. Auch eine Weltformel wird es nicht geben – weil sie sich selbst enthalten müsste.

Nun aber zurück zu der Frage, von der wir ausgegangen waren: Wie kommt man auf ein solches Gedankenspiel? Durch Phantasie und Talent? Durch Kreativität? Nein, sondern indem man sich irgendwo ›inspiriert‹. Man könnte auch sagen: indem man klaut.

Eco hat seine Idee, wie viele andere auch, einer Geschichte des Argentiniers Jorge Luis Borges (1899–1986) entnommen (den er in seinem Bestseller *Der Name der Rose* als blinden Bücherhüter Jorge de Burgos gewürdigt hat). Die Geschichte wird auch zu Beginn des Gedankenspiels zitiert. Sie findet sich in Borges' Buch *Universalgeschichte der Niedertracht* und hört sich so an:

»In jenem Reich erlangte die Kunst der Kartographie eine solche Vollkommenheit, daß die Karte einer einzigen Provinz den Raum einer ganzen Stadt einnahm und die Karte des Reiches den einer Provinz. Mit der Zeit befriedigten diese übergroßen Karten nicht mehr, und die Kollegs der Kartographen erstellten eine Karte des Reiches, die genau die Größe des Reiches hatte und sich mit ihm in jedem Punkte deckte. Die nachfolgenden Generationen, die dem Studium der Kartographie nicht mehr so ergeben waren, hielten diese enorme Karte für unnütz und überantworteten sie, nicht ohne Pietätlosigkeit, den Unbilden der Sonne und des Winters. In den Wüsten des Westens finden sich noch Ruinen der Karte, behaust von Tieren und Bettlern; im ganzen Land gibt es keine anderen Überreste der geographischen Disziplinen.«

Zweifellos liegt hier die ›Grundidee‹ vor. Eco hat den Einfall aber nicht einfach abgeschrieben, sondern hat sich vielmehr gesagt, *da steckt noch mehr drin*. Er hat die Geschichte weitergedacht und sie auf diese Weise in etwas Neues verwandelt. Gewiss: Ohne den Einfall von Borges hätte es die wunderbare Geschichte von Eco nicht gegeben. Muss man also sagen, Borges war originell und Eco nicht?

In Wahrheit erweist sich, dass Borges genauso vorgegangen ist wie Eco. Denn auch er ist nicht der ›Autor‹ des Einfalls mit der Karte im Maßstab 1:1. Es gibt noch eine ältere Version der Kartenlegende – und diese hat Borges mit Sicherheit als Vorlage gedient. Sie stammt von dem Logiker und Schriftsteller Lewis Carroll (1832–1898) und findet sich in seinem Buch *Sylvie and Bruno concluded*. Dort entdecken wir folgenden Dialog zwischen der Heldin Sylvie und einem deutschen Wissenschaftler namens Mein Herr:

MEIN HERR Was ist deiner Meinung nach die größte Landkarte, die noch nützlich wäre?

SYLVIE So sechs Inches zur Meile.

MEIN HERR Nur sechs Inches! Wir hatten sehr bald sechs Yards pro Meile. Und dann kam die größte Idee überhaupt! Wir machten eine Landkarte im Maßstab eine Meile zu eine Meile!

SYLVIE Habt ihr sie oft verwendet?

MEIN HERR Sie ist nicht einmal ausgebreitet worden: die Bauern hatten was dagegen. Sie sagten, die Karte würde das ganze Land bedecken und das Sonnenlicht abhalten. Deshalb benutzten wir jetzt das Land selbst, als seine eigene Karte, und ich versichere dir, es funktioniert fast genauso gut!

Die Kreativitätsliebhaber werden nun sagen: Nun gut, dann war eben Carroll der Kreative; und die anderen zwei haben bloß abgeschrieben. Doch einerseits ist es wahrscheinlich, dass auch Carroll die Idee irgendwo aufgelesen hat. Andererseits kann man schlecht behaupten, dass Borges und Eco unkreativ waren. Jeder hat etwas hinzugefügt. Die Geschichte ist von England (wo Carroll lebte) nach Argentinien gewandert (wo Borges schrieb) und von dort nach Italien, zu Umberto Eco. Sie ist auf ihrer Wanderung um die Welt länger, detaillierter und wohl auch besser geworden. Drei Autoren haben an ihr gearbeitet und dafür fast hundert Jahre gebraucht.

Die weitaus meisten originellen Einfälle sind weder Einfälle noch originell, sie sind vielmehr überzeugende Überarbeitungen bereits vorhandener Ideen. Auch Missverständnisse spielen eine Rolle, wie man an dem Anti-Kriegs-Spruch sehen kann. Dass eine Idee als originell bezeichnet wird, bedeutet oftmals nur, dass die Vorbilder in Vergessenheit geraten sind. Sobald ein Gedanke bei einem berühmten Autor auftaucht, wird er in der Regel nach einer gewissen Zeit diesem als kreative Leistung zugeordnet. So konnte etwa das Beispiel mit den fallenden Steinen, welches Galilei benutzte, nur deshalb für originell gehalten werden, weil spätere Autoren vergaßen, dass es seit dem Mittelalter bekannt war: Es findet sich bereits bei dem Philosophen und Naturforscher Albert von Sachsen im 14. Jahrhundert.

Literatur

Eine gute Übersicht über das Feld der Gedankenexperimente findet sich in Wolfgang Buschlinger, *Denk-Kapriolen? Gedankenexperimente in Naturwissenschaften, Ethik und philosophy of mind*, Würzburg 1993. Für weiterführendes Material siehe Roy Sorensen, *Thought-Experiments*, New York 1992. Die Informationen zu ›Stell dir vor, es ist Krieg und keiner geht hin‹ fand ich in der stimmt's-Rubrik der Zeit (www.zeit.de/stimmts).

13. Warten

Die Kristallisation eines Gedankens braucht Zeit. Nicht nur zielgerichtetes Überlegen hilft bei der Lösung von Problemen. Wichtig sind auch die Pausen. Während man nicht an die Sache denkt, bereitet sich im Stillen die Lösung vor. Untätig tätig horcht man in sich hinein – und wartet, was da kommt. Man hat immer wieder festgestellt, welch hohen Stellenwert das Nichtstun auch bei Leuten einnimmt, deren Werk eher einen Akkordarbeiter vermuten lässt. Das Lebenswerk des Philosophen Ludwig Wittgenstein zum Beispiel ist in seiner Bandbreite und Intensität höchst erstaunlich – es umfasst Arbeiten zur Sprachphilosophie, zur Philosophie der Logik ebenso wie Arbeiten zur Farbenlehre. Sogar als Architekt war Wittgenstein tätig. Man stellt sich einen rastlosen Kopf vor, der von morgens bis abends liest, schreibt und entwirft. Schlägt man aber sein *Geheimes Tagebuch* auf, so ergibt sich ein anderes Bild. Tag für Tag findet sich dort der immer gleiche Eintrag: »Nicht gearbeitet« oder auch »Fast nicht gearbeitet« oder »Nicht gearbeitet. Viel gedacht«. Monate später, mit Beginn des Frühlings 1916, wendet sich das Blatt und Wittgenstein schreibt: »Ich arbeite« oder »Gearbeitet« oder sogar »*Sehr* viel gearbeitet«. Im Sommer 1918 vollendet Wittgenstein seinen *Tractatus logico-philosophicus*, die Frucht seines langen Arbeitens und Nicht-Arbeitens.

Gar nicht wenige Philosophen haben ihre Werke er-wartet, ersessen, vielleicht sogar ergähnt. Der Philosoph Friedrich Nietzsche schildert, wie ihm der entscheidende Einfall zu seinem *Zarathustra*-Buch kam. Es geschah in den Schweizer Alpen, in einem Ferienort namens Sils Maria:

Hier saß ich wartend, wartend – doch auf nichts,
Jenseits von Gut und Böse, bald des Lichts
Genießend, bald des Schattens, ganz nur Spiel,

Ganz See, ganz Mittag, ganz Zeit ohne Ziel.
Da, plötzlich, Freundin! wurde eins zu zwei –
– Und Zarathustra ging vorbei.

Der wartende Denker weiß eigentlich gar nicht, was er will. Sein Brüten am See erscheint erst im Nachhinein sinnvoll – als Vorbereitung auf die große Idee. Darin unterscheidet sich das philosophische Warten vom Warten des Alltags. Dieses ist von vornherein auf ein bestimmtes Ziel orientiert – dass die Ampel auf Grün schaltet, dass das Wetter besser wird oder dass der Stau sich auflöst. Der zerstreute Denker hingegen brütet, ohne zu wissen, worüber. Etwas wirklich Neues kann nur auf diese Weise entstehen. Denn das Neue liegt nicht in Sichtweite des Alten. Es lässt sich nicht auf der Grundlage des Bekannten ableiten, sondern taucht blitzartig auf – in einem Moment der Eingebung.

In ganz spezieller Weise setzten die antiken Skeptiker das Warten ein, um ihr philosophisches Ziel zu erreichen. Die Skeptiker waren Leute, welche der Ansicht waren, dass es die Menschen unglücklich und sogar krank mache, wenn sie an irgendetwas fest glauben. Daher müsse man zu allen Lehrmeinungen den gleichen gelassenen Abstand einhalten und darauf achten, sich niemals von irgendetwas überzeugen zu lassen. Denn nur so könne man den Seelenfrieden finden und gesund bleiben. Für den Fall, dass man in Diskussionen verwickelt wird, haben die Skeptiker eine ganze Reihe von Verfahren entwickelt, mit denen man aus jedem beliebigen Überzeugungsversuch die Luft herauslassen kann.

Für den Fall, dass einem mal nicht rechtzeitig eine passende Erwiderung einfalle, empfahlen sie, die Sache auszusitzen. Demjenigen, der mit einem besonders brillanten Argument daherkommt, müsse man sagen: »Deine Begründung, mit der du mich zu überzeugen versuchst, war früheren Denkern unbekannt. Genauso ist es möglich, dass es ein schlüssiges Gegenargument gibt, das uns aber nicht heute, sondern vielleicht erst morgen oder übermorgen einfällt. Deshalb müssen wir deinem Argument, das jetzt stichhaltig zu sein scheint, noch nicht zustimmen. Lass uns ein wenig abwarten. Bei philosophischen Fragen gibt es ja keine Eile ...«

Literatur

Zum Warten siehe die schöne Untersuchung von Lothar Pikulik, *Warten, Erwartung. Eine Lebensform in End- und Übergangszeiten. An Beispielen aus der Geistesgeschichte, Literatur und Kunst*, Göttingen 1997. Was geschehen kann, wenn man zu lange wartet, zeigt der Denk-dreimal-Schwank, der in vielen Kulturkreisen verbreitet ist. Darin unterlässt es ein Schüler, seinen Lehrer zu warnen, dessen Bart anbrennt, und erklärt, zur Rede gestellt, ihm sei doch beigebracht worden, er solle immer dreimal nachdenken, ehe er etwas sage. Siehe den Artikel *Denk dreimal* in der *Enzyklopädie des Märchens*, Bd. 3, Berlin, New York 1981.

14. Umkehren

Sage mir deinen Gedanken, und ich mache daraus einen zweiten, mit dem du nicht gerechnet hast. Kenne ich erst einmal eine Meinung, ist es leicht, daraus eine zweite zu bilden. Es ist ähnlich wie bei jenen surrealistischen Collagen, bei denen aus aufgelesenem Material etwas Überraschendes gezaubert wird. Wichtig ist vor allem, dass man ausschließlich aus dem Material, das man vorgefunden hat, etwas Neues fabriziert – indem man es umsortiert, umwertet oder auf den Kopf stellt.

Hier ein Beispiel für die Fans des Rockmusikers Frank Zappa (1949–1993). Zunächst die Geschichte. Zappa war in der Talkshow eines gewissen Joe Pine eingeladen. Und dieser Joe Pine war bekannt für seine böswillige Form der Gesprächsführung. Es war nichts Ungewöhnliches, dass er einen Besucher vorstellte, und dann sofort über die Begabung, das Aussehen oder die Überzeugungen des Betreffenden herzog. Manche Leute behaupteten, Pines verletzende Art gehe zum Teil auf seine Beinamputation zurück, die ihn verbittert habe. Andere stritten das ab und meinten, er sei einfach von Natur aus bösartig. Zappa wurde Anfang der sechziger Jahre eingeladen, als lange Haare bei einem Mann noch ungewöhnlich waren. Nachdem er vorgestellt wurde, kam es zu folgendem Schlagabtausch:

JOE PINE Ich habe den Eindruck, Ihre langen Haare machen aus Ihnen ein Mädchen.
FRANK ZAPPA Und ich habe den Eindruck, Ihr Holzbein macht aus Ihnen einen Tisch.

Zappas Return ist ein Meisterstück. Er hätte natürlich auch sagen können: »Wie kommen Sie dazu, Leute nur nach ihrem Äußeren zu beurteilen?« Aber wie langweilig und hilflos hätte das gewirkt!

Rose mit Dornen

Stattdessen greift er das Muster Pines auf und wendet es gegen ihn. Zappas Satz hat dieselbe Struktur wie der Satz des TV-Moderators. Nur zwei Worte sind ausgetauscht. Aber sie verwandeln den Sinn. Genau das macht die Antwort brillant. Für sich alleine – also ohne Pines Auftaktbosheit – wäre sie weniger lustig. Erst im Zusammenhang mit der Ausgangsfrage gewinnt sie ihre Kraft. Das ist typisch für Umkehrungen. Sie benötigen ein Sprungbrett. Das zeigt auch das zweite Beispiel. Es ist von eher harmlosem Witz und stammt von Eugen Roth (1895–1976):

> Ein Mensch bemerkt in bittrem Zorn
> Daß keine Rose ohne Dorn
> Doch muß ihn noch viel mehr erbosen
> Daß sehr viel Dornen ohne Rosen.

Hier wird keine bösartige Antwort zurückgegeben – vielmehr macht Roth aus einem volkstümlichen Gedanken einen neuen – und zwar so, dass die zweite Aussage – ›sehr viel Dornen ohne Rosen‹ – formal fast identisch ist mit der ersten. Die gegebenen Elemente werden durch eine geringfügige Änderung in eine neue Ordnung gebracht – und heraus kommt ein neuer, überraschender Sinn. Auch hier zehrt die Kraft des Satzes ›sehr viel Dornen ohne Rosen‹ von der Vorlage und verliert ohne diesen Hintergrund. Diese Doppelstruktur ist typisch für Umkehrungen: Sie binden Altes und Neues, Bekanntes und Unbekanntes zusammen und wirken eben deshalb kreativ und überraschend.

Für Umkehrungen gibt es viele Rezepte: Man kann in der Vorlage einzelne Elemente weglassen, man kann einzelne Elemente hinzufügen, man kann die Elemente umdeuten, man kann sie umwerten, man kann sie umtauschen (am häufigsten ist dabei die

Überkreuzform: statt A ist B: B ist A). Einige dieser Möglichkeiten werde ich im Folgenden an Beispielen erläutern. Halten wir uns zunächst an das Umsortieren! Es bietet sich besonders bei Sprichwörtern an. Mit wenig Aufwand kann man hier die Elemente umtauschen. Hier eine Auswahl bekannter Sprüche:

- Lerne zu leiden, ohne zu klagen.
- Ohne Fleiß kein Preis.
- Besser arm und gesund als reich und krank.

Durch simplen Tausch kann man daraus neue Sprichwörter bilden:

- Lerne zu klagen, ohne zu leiden
- Ohne Preis kein Fleiß (Oder: Ohne Fleiß kein Scheiß)
- Besser reich und gesund als arm und krank.

Die Neuschöpfungen wirken natürlich nur auf den (einigermaßen) witzig, der die ursprünglichen Wort-Konstellationen kennt.

Die Selbstanwendung

Besonders beliebt ist eine Umkehrung, die an der Ich-Du-Achse ansetzt und sie zum Kippen bringt. Man kann diese Praktik fast universal anwenden, insbesondere dann, wenn es darum geht, Ansprüche und Forderungen zu prüfen, die andere an uns richten. So kann man sich vom Gemaßregelten zum Maßregler wandeln. Nehmen wir folgenden Dialog zwischen einem Grundschüler und seiner Mutter:

FRAU MEIER Sooo, und jetzt musst du noch deine Milch trinken: lecker!!!

MEIER JUNIOR Jeden Morgen Milch!

FRAU MEIER Die ist aber sooo gesund!

MEIER JUNIOR Ich mag aber keine Milch!

FRAU MEIER Und in der Milch sind ganz viele Vitamine!

MEIER JUNIOR Warum trinkst du dann nicht selber Milch, wenn so viele Vitamine drin sind?

Eine einleuchtende Antwort. Was ist naheliegender, als sich anzusehen, ob einer die Vorschriften, die er uns erteilt, auch selbst befolgt? Der Sohn sortiert nicht die Wörter neu, sondern tauscht die Rollen. Die Senderin der Botschaft wird zur Empfängerin gemacht. Die Botschaft selbst ändert sich nicht. ›Kehr erst einmal vor der eigenen Tür!‹ ist die Redensart, die das Verfahren der Selbstanwendung auf den Punkt bringt. Es empfiehlt sich immer dann, wenn andere mit unerbetenen Empfehlungen um sich werfen.

Drehbücher

Die Umkehrung lässt die Welt in neuem Licht erscheinen. Die Kopernikanische Wende ist längst zu einer festen Redewendung geworden. Der Frauenburger Domherr Nikolaus Kopernikus (1473–1543) tauschte die Rollen zwischen Erde und Sonne. Nicht mehr die Sonne drehte sich um die Erde, sondern umgekehrt die Erde um die Sonne. Kopernikus verwandte dieselben Elemente, die auch das alte Weltbild bestimmten: Sonne, Erde, Planeten. Nur schrieb er für diese Hauptdarsteller des Welttheaters ein neues Drehbuch (im wahrsten Sinne des Wortes).

Auch andere Drehbuchautoren gehen ähnlich vor. So hat sich zum Beispiel Alfred Hitchcock (1899–1980) – um gleich einen großen Sprung zu machen – in seinen Gesprächen mit François Truffaut (1932–1984) ebenfalls zu dem Verfahren bekannt. Diesmal geht es nicht um Sonne, Mond und Planeten, sondern um eine

Mordszene. Hitchcock erzählt: »Ein Mann kommt an einen Ort, wo er wahrscheinlich umgebracht wird. Wie wird das im allgemeinen gemacht? Eine finstere Nacht an einer engen Kreuzung in einer Stadt. Das Opfer steht im Lichtkegel einer Laterne. Das Pflaster ist noch feucht vom letzten Regen. Großaufnahme einer schwarzen Katze, die eine Mauer entlangstreicht. Eine Einstellung von einem Fenster, hinter dem schemenhaft das Gesicht eines Mannes auftaucht, der nach draußen blickt. Langsam nähert sich eine schwarze Limousine, und so weiter. Ich habe mich gefragt, was das genaue Gegenteil einer solchen Szene wäre. Eine völlig verlassene Ebene in hellem Sonnenschein, keine Musik, keine schwarze Katze, kein geheimnisvolles Gesicht hinterm Fenster.« Ergebnis war die berühmte Szene in Hitchcocks Thriller *Der unsichtbare Dritte*, in welcher Cary Grant auf einem offenen Feld von einem Flugzeug attackiert wird.

Wie man sogar Einstein widerlegen kann

Auch im kleineren Format der Diskussionen, der Debatten und der Briefwechsel trifft man immer wieder auf Umkehrungen. Dabei ist besonders die Selbstanwendung beliebt. Hier drei klassische Beispiele:

1. Immanuel Kants (1724–1804) *Kritik der reinen Vernunft* war angetreten, die Überheblichkeiten der Philosophie zu beenden. Vor Kant hatten die Denker wenig Probleme damit, Aussagen über das Universum oder über Gott zu treffen. Kant kritisierte solche Überlegungen als transzendent, spottete darüber und verbot sie streng. Ohne Halt an der Erfahrung werde hier drauflosgedacht. Damit müsse ein für alle Mal Schluss sein. Der Goethefreund Friedrich Jacobi (1743–1819), der

sich vom leidenschaftlichen Kantanhänger zu einem leidenschaftlichen Kantgegner entwickelt hatte, entdeckte als Erster, dass Kant
gleichwohl selbst ganz ähnlich vorgeht wie die Gegner, die er in
seinem berühmten Werk angreift. Denn auch er macht Aussagen
über spekulative Gegenstände, die sich auf keine Weise empirisch
erhärten lassen. So geht er etwa davon aus, dass die ›Dinge an sich‹
unerkennbar seien. Zum anderen glaubt er aber auch, dass sie auf
unsere Einbildungskraft einwirken, denn sie ›verursachen‹, so lehrt
Kant, die Sinneseindrücke, die wir haben. Wie hat er das wohl festgestellt? Es ist schwer, zu beobachten, wie das Ding an sich auf
unsere Sinnesorgane einwirkt. Hier handelt es sich also um reine
Spekulation. Kant vollzieht selbst das, was er bei anderen kritisiert.
Jacobi schließt: »Ich muß gestehen, daß mich dieser Anstand bei
dem Studio der Kantischen Philosophie nicht wenig aufgehalten
hat ..., weil ich unaufhörlich darüber irre wurde, daß ich ohne jene
Voraussetzung [daß die unerkennbaren Dinge an sich auf die Einbildungskraft wirken] in das System nicht hineinkomme, und mit
jener Voraussetzung darin nicht bleiben konnte.« Das Argument
zählt zu den Klassikern der Einwände gegen Kant. Es wird bis
heute angewandt.

2. Zu den Kernbeständen der analytischen Philosophie, die von
Rudolf Carnap (1891–1970) mitbegründet wurde, zählte lange
Jahre das von Carnap aufgestellte sogenannte empiristische Sinnkriterium. Es besagt, dass eine Aussage nur dann einen Sinn habe,
wenn sie sich durch Erfahrungen (»Erlebnisse«) belegen lasse, oder
aber, wenn sie rein logischer Natur ist. Denn die erfahrungsbezo-
genen Aussagen lassen sich überprüfen, die rein logischen
Verfahren hingegen lassen sich durch mathematische Prüfung auf
ihre innere Stimmigkeit hin abhorchen. So hat man also in beiden
Fällen eine Möglichkeit, den Gehalt der Aussage zu kontrollieren.
Entsprechend werden ja auch die Thesen der Naturwissenschaft
verifiziert. Bei den Aussagen der Philosophie aber ist das oft
anders. Wie will man Spekulationen über die Welt, über Gott und
über die Seele überprüfen? Dementsprechend blies die analytische

Philosophie zum Angriff auf die Metaphysik. Diese sei sinnlos. Die radikale Entwertung einer großen geistigen Tradition machte Eindruck, doch die Frage blieb offen, welchen Stellenwert denn das Sinnkriterium selbst habe. Es ist offenbar weder empirisch noch rein logisch – so scheint also nur übrigzubleiben, dass es selbst metaphysisch und damit sinnlos ist.

3. Als sein Freund Michele Besso starb, schrieb Albert Einstein (1879–1955): »Für uns gläubige Physiker hat die Scheidung zwischen Vergangenheit, Gegenwart und Zukunft nur die Bedeutung einer wenn auch hartnäckigen Illusion.« Einsteins allgemeine Relativitätstheorie, die den Begriff der Gegenwart neu definierte, steht wie ein imposantes Felsmassiv hinter dieser Aussage. Man darf sich davon aber nicht einschüchtern lassen. Dass auch gegen Einstein die Selbstanwendung effektvoll angewandt werden kann, zeigte der Phänomenologe Hermann Schmitz. Als Wissenschaftler, so argumentiert Schmitz, muss Einstein bereit sein zu lernen. Lernenwollen setzt aber voraus, dass man mit der Möglichkeit rechnet, man könne in Zukunft etwas erfahren, das man heute noch nicht weiß. Das aber ist nur dann möglich, wenn man den Unterschied zwischen der Gegenwart, die jetzt ist, und der Zukunft, die noch kommt, ernst nimmt und diesen Unterschied nicht als Illusion abtut. Solange Einstein also als Physiker spricht, muss er an dem Unterschied sehr wohl festhalten und sollte ihn nicht mit Durchblickergeste beiseiteschieben.

So zeigt sich also, dass die Figur der Selbstanwendung in der Tat in der Philosophie vielfach verwandt wird. Es gibt sogar Philosophen, welche die Auffassung vertreten, sie sei das zentrale philosophische Verfahren überhaupt. Das ist übertrieben. Aber in der Tat hat sie, wie auch die anderen Formen der Umkehrung, den bestechenden Vorzug, dass sie nur auf Materialien angewiesen ist, die der Gesprächspartner liefert. Und je mehr Schwung der andere in seine Worte legt, desto wuchtiger kracht es, wenn eine Umkehrung ihn aufs Kreuz legt.

Umfunktionieren

Argumente tauchen immer in einem bestimmten Bezugsrahmen auf. Daraus ergibt sich eine weitere Form der Umkehrung: Sie besteht darin, das Argument umzudeuten. Auch hier operiert man mit dem Material, das der andere uns liefert – stellt es aber in einen neuen Kontext. Die Pointe ergibt sich aus dem Vergleich der ursprünglichen Version des Gedankens mit der verfremdeten.

Mein Beispiel entnehme ich den Diskussionen um die sogenannte Pascal'sche Wette. Mit dieser Wette versuchte der französische Philosoph Blaise Pascal (1623–1662), der sich intensiv mit der Mathematik des Glücksspiels beschäftigt hat, woraus später die Wahrscheinlichkeitsrechnung hervorging, seine Mitmenschen von der Zweckmäßigkeit einer christlichen Lebensführung zu überzeugen. Er forderte, man solle sein Leben so einrichten, *als ob* man sicher sei, dass Gott existiert. Denn wenn Gott am Ende wider Erwarten doch nicht existiert, dann habe man, glaubt Pascal, nichts verloren: Denn das Leben ist, so Pascal, sinnlos, wenn Gott nicht existiert. Existiert er aber, dann wäre unendlich viel gewonnen! Nämlich das ewige Leben. Und gegen einen solchen unendlichen Gewinn wiegen eventuelle Opfer, die man im Verlaufe einer christlichen Lebensführung bringen muss, nicht nur wenig, sondern nichts. Oder, in Pascals eigenen Worten: »Wenn Sie gewinnen, gewinnen Sie alles, und wenn Sie verlieren, verlieren Sie nichts. Wetten Sie also, ohne zu zögern, daß er ist.«

Zumindest einen hat Pascal mit dieser Überlegung überzeugt: Er selbst lebte tatsächlich nach den christlichen Geboten; gab im Alter sogar alle wissenschaftliche Arbeit auf und zog in ein Kloster. Seine Wette beeindruckte auch viele Zeitgenossen. Sie schien ein moderner Ersatz für die problematischen Gottesbeweise zu sein: mathematisch, elegant, zwingend. Bis heute wird sie in der Missionsarbeit der Kirchen verwendet, und der Mathematiker John von Neumann (1903–1957), der zum christlichen Glauben konvertierte, erklärte, dass bei diesem Entschluss die Wette Pascals eine nicht unwichtige Rolle gespielt habe. Allerdings hatte von Neumann als

Mathematiker eine gute Relation zwischen endlichen Genüssen und ewigem Leben errechnet – er ließ sich erst auf dem Sterbebett taufen. Ob dies im Sinne Pascals gewesen wäre, kann hier offenbleiben. Ohnehin hatten bereits Pascals Zeitgenossen ein Rezept gegen das raffinierte Argument. Sie stellten es nämlich in einen neuen Bezugsrahmen und prüften, wer denn wohl sonst noch mit diesem Argument für seinen Glauben werben könnte. Der Aufklärer Denis Diderot (1713–1784) meinte, es sei

genauso geeignet für die Sache Allahs, und schrieb: »Ein Imam (Vorbeter in einer Moschee) könnte genauso argumentieren.«

Darin liegt wirklich ein Problem der Pascal'schen Argumentation. Denn auf die gleiche Weise könnte tatsächlich auch ein Moslem für den Islam werben oder wohl auch ein Aztekenpriester für das Menschenopfer. Wer auch andere von einer Religion überzeugen möchte, kann die Pascal'sche Wette verwenden. Wenn es aber so ist, dann taugt die Wette zumindest nicht als Werbung für einen *bestimmten* religiösen Lebensstil, wie Pascal ursprünglich beabsichtigt hatte. Durch die plötzliche Änderung des Bezugsrahmens verliert sie einiges von ihrer ursprünglichen Kraft.

Als allgemeine Moral lässt sich aus diesem Beispiel ableiten: Bei jedem Argument, das man sammelt, sollte man sich fragen: Wozu kann ich dieses noch verwenden? Zweckentfremdung ist das Gebot der Stunde.

Man kann sich hier ein Beispiel an Mutter Natur selbst nehmen, die ihre angebliche Kreativität auch nicht dem Neuschaffen verdankt, sondern vielmehr dem permanenten Umschaffen dessen, was schon ist. Das könnte man als Basteln am lebenden Objekt bezeichnen: Munter verwandelt sie ein Kiefergelenk in Ohrknöchelchen und funktioniert einen Darmsack in eine Lunge um. Das Rückgrat dient beim Fisch zur Bewegung des Schwanzes –

beim Menschen wird es zum aufrechten Tragen des Kopfes verwandt.

H_2O und das umkehrende Denken

Abschließend noch ein Seitenblick auf die Naturwissenschaften: Denn auch dort sind bei Innovationsprozessen Umkehrungen beteiligt. So verdankt sich etwa die Entdeckung der chemischen Formel für Wasser letztlich einem Umkehrschluss. Humphry Davy (1778–1829), ein britischer Chemiker, hatte im Jahr 1800 von der merkwürdigen Säule gehört, die sein Kollege Alessandro Volta (1745–1827) gebaut hatte. Sie bestand aus Platten aus unterschiedlichem Metall, zwischen denen mit Salzwasser getränkte Pappe lag. Der ganze Apparat war groß wie ein Zimmer. Bis zu Voltas Erfindung war es nicht möglich gewesen, einen dauerhaften Strom zu erzeugen. Davy vermutete sogleich, dass die Elektrizität durch chemische Reaktionen zustande kommt. Chemie macht Strom! Und er folgerte, dass dann auch das Umgekehrte möglich sein müsse: mit Strom Chemie zu machen. Tatsächlich erwies sich dieser Einfall als außerordentlich fruchtbar. Es gelang Davy, Wasser durch Strom in seine Bestandteile zu zerlegen, und er konnte nachweisen, dass sich Wasserstoff und Sauerstoff immer in festen Volumina miteinander verbinden. Die Grundlage für die wichtigste chemische Formel war damit gesichert: H_2O. Außerdem isolierte Davy mit seiner Methode auch Kalium, Natrium und einige weitere Elemente und half damit, die Grundlagen für das Periodensystem zu legen. Davys öffentliche Vorträge über seine Entdeckungen waren zu seiner Zeit übrigens außerordentlich populär. Die junge Schriftstellerin Mary Shelley (1797–1851) war von einem seiner Vorträge so begeistert, dass sie später in ihrem Roman *Frankenstein* den Vortrag des Professor Waldmann (jenes weisen und gütigen Lehrers des ehrgeizigen Dr. Frankenstein, der später durch Frankensteins Monster umgebracht wird) passagenweise von Davy übernahm.

Spiel: Kopfstand

1. Wer es zum ersten Mal versucht, wackelt und schwankt und kommt sich vor wie ein Kind, das zum ersten Mal auf den Beinen steht. Ohne eine Stütze knickt man leicht um und fällt nach hinten. Man sollte sich daher am Anfang an eine Wand anlehnen. Und dabei wie folgt vorgehen:

2. Gehe in die Hocke, stelle dann die Mitte des Kopfes auf den Boden. Die Hände am Hinterkopf anlegen, mit Handkanten und Unterarmen abstützen.

3. Jetzt das Gesäß heben. Die Knie durchdrücken, mit den Füßen kleine Schritte in Richtung Kopf machen.

4. In die Senkrechte gehen und etwa 10–15 Sekunden verharren. Bei gutem Training können es auch bis zu drei Minuten sein.

5. Dann die Füße wieder absetzen.

6. Die Übung setzt Energien frei, lehren die Yogameister, und auch Ärzte bestätigen: Organe, die in der normalen Haltung wenig durchblutet sind, werden im Kopfstand gründlich mit Sauerstoff versorgt.

Literatur

Obgleich das Umkehren ein oft praktiziertes Verfahren ist, sind Analysen dazu selten. Peter Wenzel hat in seinen scharfsinnigen Untersuchungen *Von der Struktur des Witzes zum Witz der Struktur: Untersuchungen zur Pointe in Witz und Kurzgeschichte*, Heidelberg 1989, ein brauchbares Schema entwickelt, in dem sich Umkehrungen deuten lassen. Im Lichtenberg-Abschnitt in Gerhard Neumanns Buch *Ideenparadiese, Untersuchungen zur Aphoristik von Lichtenberg, Novalis, Friedrich Schlegel und Goethe*, München 1976, findet man Beschreibungen der Umkehrungstechniken Lichtenbergs. Interessant ist, wie Umkehrungen in neueren Kreativitätsmethoden eingesetzt werden – H. Uebele gibt einen Überblick in seinem Artikel *Kreativität und Kreativitätstechniken*, in: E. Gaugler, W. Weber (Hg.), *Handwörterbuch des Personalwesens*, Stuttgart 1992.

15. Parodieren

Eine Szene im Sandkasten: »Lass das, das ist mir!«, sagt ein verärgertes Kind, dem sein Gegenüber gerade das Schäufelchen weggenommen hat. Doch das andere Kind blökt zurück: »Nähnähnähnähnähnnähnähhh«. So viel zur Feldforschung. Eines steht fest: Wo immer Menschen zusammen sind, ahmen sie einander nach. Sei es aus Angriffslust, aus Bewunderung oder einfach nur aus Langeweile.

Die Stimme eines anderen nachahmen zu können, zeugt von einer eigenartigen Macht oder zumindest von Geschicklichkeit. Der andere ist verdutzt, und es mag ihm so vorkommen, als habe man seine Seele gestohlen und verfüge darüber. Ein böser Trick.

Die Parodie ist eine Maskerade: Der Parodist setzt sich die Maske des anderen auf und stolpert dann, nach einem Drehbuch, das er selbst geschrieben hat, vorwärts. Manchmal von einem Fettnäpfchen zum nächsten – zur Belustigung des Publikums. Das kann ein harmloser Spaß sein – aber auch eine scharfe Waffe. Denn vor kaum etwas fürchtet man sich so sehr wie davor, lächerlich gemacht zu werden. Das Lachen kommt freundlich und lustig daher, ein Zeichen froher Menschlichkeit. Aber das bedeutet noch lange nicht, dass jedes Lachen menschlich wäre. Parodien können Instrumente der Diffamierung oder des Rufmordes sein. Das Wort selbst kommt aus dem Griechischen: *Para* heißt längs oder neben; *ôdè* bedeutet Gesang, das daraus abgeleitete Verb *parôdein* bedeutet so viel wie nachsingen, mit einem Anklang von danebensingen.

Boshaftes Nachsingen

Spöttische Parodien entstehen überall, wo Menschen Gelegenheit haben, einander zu beobachten. Ihre Bühne ist der Schulhof, die Kantine oder das Büro. Auch in anderen Sphären tauchen sie auf:

in der Welt der Literatur oder in der Musik. Sogar das scheinbar so sachliche Milieu der Wissenschaft fördert ihre Entstehung. Die Enge der Forschungsfelder, auf denen sich die Wissenschaftler gegenseitig auf den Füßen stehen, die erzwungene Nähe der Fachkollegen und der Stress, der damit einhergeht, schärfen den Blick für die Eigenheiten der anderen. Und die werden natürlich nicht nur in zivilisierten, gemächlich daherkommenden Argumentationen bekämpft, sondern auch in wüsten Spottgesängen.

Das hat eine Tradition, die bis auf die Antike zurückgeht. Aristophanes (445–385 v.Chr.), ein genialer Parodist, gehörte zur Generation des Platon. In seinen Komödien verspottete er die großen Tragödiendichter genauso wie Politiker oder Heerführer. Auch die ersten Philosophen nahm er sich vor.

In der Komödie *Die Wolken* ist Sokrates selbst Gegenstand parodistischen Spottes. Er tritt hier als »Priester des kniffeligen Wortes« auf, der von einem Mastkorb aus die Welt beobachtet und überraschende Erklärungen für wahrhaft drängende Fragen zum Besten gibt. In der Eingangsszene der Komödie kommt ein potentieller Schüler zu ihm, ein Mann namens Strepsiades. Ein Gehilfe des Sokrates belehrt diesen über die aktuellen Themen, mit denen sich der Meister gerade befasst:

SCHOLAR Da fragt' den Sokrates der Chairephon aus Sphettos, ob nach
    seiner Meinung der Gesang der Schnaken
    aus ihrem Mund kommt oder aus dem Ärschlein.
STREPSIADES Wie aber löste er die Schnakenfrage?
SCHOLAR Er sprach, im Schnakenbauch sei's furchtbar eng;
    drum geht der Wind durchs dünne Rohr hindurch
    mit aller Macht, gradwegs zum Hinterteil.
    Doch da der Enge gleich das Weite folgt,
    beginnt durch Hauches Macht der Steiß zu dröhnen
STREPSIADES Dann wär' der Schnakenarsch 'ne Art Trompete?
    Oh selig, wer Intimstes so durchschaut!

Wie leicht schleuft der durch sämtliche Prozesse
wer selbst der Schnake Darmkanal durchdringt!

Später wird behauptet, dass Sokrates auch die Götter leugnet,
und stattdessen die Wolken anbetet, die aus leerem Dunst bestehen
und alle Formen annehmen können. Das Ganze endet ziemlich
ernst, eine aufgebrachte Menge legt Feuer an die Denkerbude des
Sokrates. Seither sind die Philosophen immer wieder Ziel von
Parodier-Attacken aller Art geworden. Sie parodierten sich auch
gegenseitig.

»Das Nachahmen selbst ist den Menschen angeboren«, schreibt
Aristoteles in seiner Poetik, »es bereitet den Menschen Freude.«
Viele Parodien entstehen aus reinem Genuss am Geschicklich-
keitsspiel des Nachahmens. Eine Freude, die sich auf den Zu-
schauer überträgt, sobald er die Nachahmung erkennt. Derjenige,
der parodiert wird, findet die Sache meistens nicht so lustig.

Eine kritische Parodie funktioniert nach dem Prinzip des
Analogieschadenzaubers. Sie imitiert das Original und erhält auf
diese Weise einen Stellvertreter, an dem sie dann die vernichtende
Handlung durchführen kann, so ähnlich, wie der Voodoo-Priester
eine Strohpuppe mit Nadeln durchbohrt, um seinen Gegner zu
verletzen. Grundsätzlich lässt sich alles parodieren: Das Missratene
genauso wie das Vollkommene. Der Parodist braucht lediglich einige markante Merkmale – diese muss er in seiner Nachahmung
gebührend herausstellen. Denn worauf es ankommt, ist einzig und
allein, dass der parodierte Text oder der parodierte Mensch vom
Publikum wiedererkannt wird.

Spottgesänge sind deshalb nicht ein für alle Mal lustig, sondern
nur für bestimmte Leute zu einer bestimmten Zeit. Wenn man
einem anderen erklärt, worüber man lacht, ist die Reaktion fast
immer ein enttäuschtes ›Ach soooo ... – und was soll daran lustig
sein?‹ Die folgenden Parodien werden deshalb nur den zum
Lächeln oder Schmunzeln reizen, der die Originale kennt.

Das erste Beispiel stammt von dem Physiker und Schriftsteller

Georg Christoph Lichtenberg. Inhaltlich geht es um die sogenannte Physiognomik, also um die Lehre, wie man von den Gesichtszügen und vom Körperbau auf den Charakter eines Menschen schließen kann. In dem Kapitel über die Indizien bin ich schon einmal darauf eingegangen. Goethe war, wie ich bereits erwähnt habe, so angetan von der Physiognomik, dass er an Johann Caspar Lavaters Veröffentlichungen schließlich selbst mitgearbeitet hat. Und so klingen manche Bildunterschriften in Lavaters *Physiognomischen Fragmenten* überraschend poetisch:

O-Ton Goethe-Lavater
(*Über eine Büste Homers*):

»Ein gutes, väterliches, vertrauenswürdiges Gesicht, voll Bonhomie und Treuherzigkeit! Solche Stirne ist des Sehers, nicht des Forschers! Die Nase ist des Feinfühlenden, keines Süßzärtlichen und keines Rohen. Voll Güte und Weisheit ist der Übergang zur Oberlippe. Es sei mir erlaubt, die Gefühle über dessen Büste, die als Gipsabguß vor mir steht, hier niederzulegen. Trete ich unbelehrt vor diese Gestalt, so sage ich: Der Mann sieht nicht, hört nicht, fragt nicht, strebt nicht, wirkt nicht. Der Mittelpunkt aller Sinne dieses Hauptes ist in der oberen, flach gewölbten Höhlung der Stirne. In ihr ist alles Bild geblieben: und alle ihre Muskeln ziehen sich hinauf, um die lebendigen Gestalten zur sprechenden Wange herabzuleiten. ... Es ist Homer! Dies ist der Schädel, in dem die ungeheuren Götter und Helden so viel Raum haben wie im weiten Himmel und auf der grenzenlosen Erde.«

Lichtenberg plays Lavater

Dem Aufklärer Lichtenberg war der Enthusiasmus, der aus diesen Gesichtsdeutungen spricht, ziemlich suspekt. Er glaubte nicht daran, dass sich der Charakter eines Menschen, der sich doch erst im Umgang offenbart, schon aus dem Gesicht erschließen lasse. Und er griff die Physiognomik in mehreren Artikeln an. Später ließ er auch eine Parodie erscheinen, in der er den aufgeregten Stil des Goethe-Lavater'schen Textes nachahmte. Er schlüpfte selbst in die Maske des Physiognomen, gab sich als ihr getreuer Schüler, der nur nachahmte, was der Meister so unvergleichlich vorgemacht hatte. Die Pointe dieses Mummenschanzes: Er wandte die Methode nicht auf Gesichter, sondern auf Schwänze an.

Fragment von Schwänzen

Ein Beitrag zu den Physiognomischen Fragmenten.

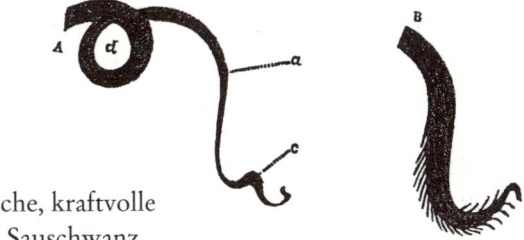

1. Heroische, kraftvolle
   A. Ein Sauschwanz
   B. Englischer Doggenschwanz

A. Wenn du in diesem Schwanz nicht siehest, lieber Leser, den Teufel in Sauheit, (obgleich hoher Schweinsdrang bei a)) nicht deutlich erkennest den Schrecken Israels in c), nicht mit den Augen riechst, als hättest du die Nase drin, den niedern Schlamm in dem er aufwuchs bei d), und nicht zu treten scheinst in den Abstoß der Natur und den Abscheu aller Zeiten und Völker, der sein Element war – so mache mein Buch zu, so bist du für die Physiognomie verloren.

Dieses Schwein, sonst gebornes Ur-Genie, luderte Tage lang im Schlamm hin; vergiftete ganze Straßen mit unaussprechlichem Mistgeruch, brach in eine Synagoge bei der Nacht, und entweihte sie schließlich scheußlich; fraß, als sie Mutter ward, mit unerhörter Grausamkeit drei ihrer Jungen lebendig, und als sie endlich ihre kannibalische Wut an einem armen Kinde auslassen wollte, fiel sie in das Schwert der Rache, sie ward von den Bettelbuben erschlagen, und von Henkersknechten halbgar gefressen.

B. Der du mit menschlichem warmen Herzen die ganze Natur umfängst, mit andächtigem Staunen dich in jedes ihrer Werke hinfühlst, lieber Leser, teurer Seelenfreund, betrachte diesen Hundeschwanz, und bekenne, ob Alexander, wenn er einen Schwanz hätte tragen wollen, sich eines solchen hätte schämen dürfen. Durchaus nichts weichlich, ›hundselndes, nichts damenschößiges, zuckernes‹, mausknapperndes, winziges Wesen. Überall Mannheit. Drangdruck, hoher erhabener Bug und ruhiges, bedächtliches, kraftherbergendes Hinstarren, gleichweit entfernt von untertänigem Verkriechen, zwischen den Beinen, und hühnerhündischer, wildwitternder, ängstlicher unschlüssiger Horizontalität.

Dieser Schwanz gehörte Heinrich des VIII. Leibhunde zu. Er hieß Cäsar, und war Cäsar. Auf seinem Halsbande stund das Motto: *aut Caesar, aut nihil*, mit goldenen Buchstaben, und in seinen Augen eben dasselbe, weit leserlicher, und weit feuriger. Seinen Tod verursachte ein Kampf mit einem Löwen, doch starb der Löwe fünf Minuten früher als Cäsar. Als man ihm zurief, Max der Löwe ist tot, so wedelte er dreimal mit diesem verewigten Schwanze, und starb als ein gebrochener Held.

Wie funktionieren Parodien?

Ein Rezept für Parodien gibt es nicht. Immerhin lassen sich gewisse Bausteine ausfindig machen, die häufiger vorkommen. Ausgangspunkt ist zunächst die *Imitation* des Stiles eines Autors – oder auch seiner Gestik, seiner Stimme und seiner Art, sich zu geben. Ein zweites wichtiges Element ist der *parodistische Tausch*. Es geht darum, das, womit sich der Parodierte beschäftigt, durch einen möglichst grotesken Gegenstand auszutauschen. Dabei eignen sich all die Dinge besonders gut, die auf der Stufenleiter ganz unten stehen – wie zum Beispiel die Schwänze. Lichtenberg hätte auch den Hintern zum Gegenstand einer physiognomischen Betrachtung erwählen können – schließlich hat auch der Po eine Art Blick. Aber der Hundeschwanz ist mehrdeutig und dadurch lustiger.

Lichtenberg übernimmt den pompösen, moralisierenden Habitus des Physiognomen Lavater – bis in die Einzelheiten. Er zeigt nicht nur Graphiken, sondern wertet sie auch pedantisch aus, macht sich selbst Einwände und bezeichnet verschiedene Partien seiner Hundeschwänze mit Buchstaben. Die ganze gestelzte Pseudoexaktheit des Physiognomen wird imitiert. So entsteht der Eindruck einer mechanischen ›Mache‹. Aus dem Gefälle zwischen pathetischem Stil und banalem Objekt, das sich in Parodien oft findet, ergibt sich der komische Effekt. Die dazugehörige Maxime hat schon der Sophist Protagoras (486–420 v.Chr.), ein Zeitgenosse des Sokrates, formuliert: Dass man nämlich *den Ernst des Gegners durch Gelächter, sein Gelächter aber durch Ernst zunichtemachen* solle.

Parodien sind, wie schon dieses erste Beispiel zeigt, normalerweise kurze Formen, beträchtlich kürzer als die Originale. Es lässt sich ja auch nicht beliebig lange lachen.

François VI, duc de La Rochefoucauld

Ein Brief aus dem Jenseits

Eine hübsche französische Parodie spielt mit dem Werk des Herzogs François VI von La Rochefoucauld (1613–1690). Dieser war einer der Ersten, der sogenannte Aphorismen schrieb, elegante Sätze und Beobachtungen, in denen Lebensklugheit aufblitzt. Nie zu ausführlich, nie zu systematisch, sondern kurz. Der Aphoristiker liebt Andeutungen. Der Leser soll selbst weiterdenken.

In Deutschland ist das Werk La Rochefoucaulds weniger bekannt, in Frankreich ist er ein Klassiker. Einige seiner Sätze gehören dort sogar zur Schulbildung, wie zum Beispiel seine strategische Maxime: »In der Politik soll man weniger versuchen, neue Gelegenheiten zu schaffen, als die sich bietenden zu nutzen.«

Schon im siebzehnten Jahrhundert waren die Sätze des Herzogs so populär, dass nach seinem Tod sogar eine neue Ausgabe herausgebracht wurde, in der auch die von La Rochefoucauld nicht veröffentlichten Sätze, die sogenannten »unterdrückten Maximen«, abgedruckt waren, die man in seinem Nachlass gefunden hatte. Es gab in Frankreich einen regelrechten Aphorismenkult, der wiederum der ideale Ausgangspunkt für eine boshafte Parodie war.

Die Parodisten Paul Reboux und Charles Muller wählten dafür ein interessantes Verfahren. Sie lassen den Herzog einen Brief aus dem Jenseits schreiben, in dem er sich bitter über die postume Ausgabe seiner Werke beklagt und behauptet, hier sei doch wohl alles durcheinandergekommen. Es sei nämlich jeweils das Gegenteil dessen gedruckt worden, was er geschrieben habe. Er habe zum Beispiel folgenden Gedanken zu Papier gebracht: »Es ist sehr weise, allein weise sein zu wollen«, oder: »Es gibt hinreißende Hochzeiten, aber keine guten«, oder: »Ein Tor ist immer Manns genug, um gut zu sein.« Erschienen sei stattdessen die umgekehrte Version: »Es ist nicht weise, allein weise sein zu wollen.« Oder: »Es gibt gute Hochzeiten, aber keine hinreißenden.«

Die Parodie ist subtil und reizt weniger zu lautem Lachen als etwa die klassisch gearbeitete von Lichtenberg, sondern eher zum Schmunzeln. Lichtenberg hatte die Weisheit des Pfarrers Lavater auf drastische Weise attackiert. Reboux und Muller greifen auf eine hintergründigere Art und Weise an. Der Brief aus dem Jenseits zeigt, dass bei der von La Rochefoucault geschaffenen Art von Tiefgründigkeit die Vorderseite so gut ist wie die Rückseite. Seine Weisheit besticht mehr durch ihre Form als durch ihren Inhalt.

Fritz Heidegger plays Martin Heidegger

Martin Heidegger ist wohl der bedeutendste Philosoph des 20. Jahrhunderts – und ebendeshalb wurde er auch sehr häufig parodiert. Sein Stil klingt eigenwillig. Hier eine Kostprobe, die aus seinem Vortrag *Das Ding (Einblick in das, was ist)* stammt:

»Ein Ding ist der Krug. Was ist der Krug? Wir sagen: ein Gefäß; solches, was anderes in sich faßt. Das Fassende am Krug sind Boden und Wand. Dieses Fassende ist selbst wieder faßbar am Henkel. [...] Wenn wir den Krug vollgießen, fließt der Guß beim Füllen in den leeren Krug. Die Leere ist das Fassende des Gefäßes. Die Leere, dieses Nichts am Krug, ist das, was der Krug als das fassende Gefäß ist.«

Dieser Stil hat etwas Einlullendes, für manche Ohren auch etwas Lallendes. In jedem Fall wirkt er höchst auffällig. Nun hatte Martin Heidegger einen Bruder mit Namen Fritz, der zeitlebens in Meßkirch, der Heimatstadt der Heideggers, geblieben war. Während der philosophierende Bruder weltberühmt wurde, war und blieb Fritz Bankangestellter. Nebenher betätigte er sich als Büttenredner und war ein in Meßkirch stadtbekanntes Original. Geboren wurde er an einem Karnevalsdienstag, und ihm war, wie er oft betonte, die »ursprüngliche Narrheit« zeitlebens ein Anliegen.

Unter den Meßkirchenern galt es als ausgemacht, dass Fritz im

Grunde gescheiter gewesen sei als sein Bruder, der berühmt gewordene Philosoph. Manche meinten gar, er müsse der Verfasser der Werke sein, durch die sein Bruder berühmt geworden war.

In jedem Fall kannte Fritz Heidegger die Philosophie seines Bruders genau, er verwahrte die Manuskripte und fertigte Abschriften an. Für den Philosophen Martin hat Fritz Heidegger 30.000 Manuskriptseiten abgetippt und während der Kriegsjahre im Banktresor gehütet. Fritz Heidegger stotterte, jedoch nur, wenn er, wie die Meßkirchener sagten, »ernscht« wurde, sprach aber ohne Stocken, wenn er spotten konnte. Und er spottete gelegentlich auch über den älteren Bruder. Einem solchen Anfall von Spottlust verdankt sich die folgende Büttenrede, eine Parodie auf Heideggers Spätstil. Die anspruchsvolle Gediegenheit des Stils wird beibehalten. Doch das Objekt wird ausgetauscht: Es geht um die Fasnacht. Ein freundlich-neckischer Tausch, bei weitem nicht so aggressiv wie der Tausch Gesicht-Schwanz, mit dem Lichtenberg die Physiognomiker verhöhnte. So entsteht eine zahme Parodie:

»Das Fassende des Faßbaren ist die Nacht. Sie faßt, indem sie übernachtet. So gefaßt, nachtet das Faß in der Nacht. Sein Wesen ist die Gefaßtheit in der Nacht. Was faßt? – Was nachtet? Dasein nachtet fast. Übernächtigt west es in der Umnachtung durch das Faß, so zwar, daß das Faßbare im Gefaßtwerden durch die Nacht das Anwesen des Fasses hütet. Die Nacht ist das Faß des Seins. Der Mensch ist der Wächter des Fasses. Dies ist seine Ver-fassung. Das Fassende des Fasses aber ist die Leere. Nicht das Faß faßt die Leere – und nicht die Leere das Faß, sie fügen einander wechselweise in ihr Faßbares. Im Erscheinen des Fasses als solchem aber bleibt das Faß selbst aus. Es hat sein Bleibendes in der Nacht. Die Nacht übergießt das Faß mit seinem Bleiben. Aus dem Geschenk dieses Gusses west die Fasnacht. Es ist unfaßbar.«

Das X-Kriterium

Nicht nur einzelne Autoren, auch ganze Stilgattungen können Gegenstand parodistischer Aktivität werden. Traditionell ist der 1. April das geeignete Datum, um solche Versuche zu publizieren. In Zeitungen finden sich dann geschickt imitierte ›Nachrichten‹, die gar keine sind, ›Kommentare‹, die einen erfundenen Sachverhalt kommentieren, und Schachaufgaben, die hinten und vorne nicht funktionieren. *Spektrum der Wissenschaft* veröffentlichte im April 1994 Untersuchungen über die Umwandlung von Elementarteilchen in pinguinartige Gebilde.

Gattungsparodien finden sich schließlich und endlich auch im Allerheiligsten der Wissenschaft, nämlich in den Fachlexika, in denen üblicherweise nach unzähligen Filterungen der Kenntnisstand einer Generation gesammelt wird. Es mag verblüffen, ist aber eine Tatsache, dass in erstaunlich vielen Lexika nicht nur ernsthafte Information zu finden ist, sondern auch sogenannte Fake-Artikel abgedruckt sind, die das Redaktionsteam zum eigenen Vergnügen und zur Verwirrung der Leser einbaut. In der *Enzyklopädie Philosophie und Wissenschaftstheorie* Bd. 4, Stuttgart, Weimar 1996 ist der Fake-Artikel relativ leicht zu erkennen. Er handelt vom sogenannten »X-Kriterium« und liest sich so:

»X-Kriterium (engl. Roentgen criterion), nach der Redensart ›Ich lasse mir doch kein X für ein U vormachen‹ benanntes, im Idealfall quantitatives Kriterium, das den Ernsthaftigkeitsgrad (engl. degree of seriousness) einer wissenschaftlichen (→Wissenschaft) oder philosophischen (→Philosophie) Arbeit zu beurteilen gestattet. Die Artikulation eines X-K.s erwies sich als ein dringendes Desiderat der Publikationsbewertungsforschung, nachdem seit den 20er Jahren des 20. Jhs. auch seriöse Publikationsorgane in beunruhigendem Maße von Elaboraten zweifelhafter, unfreiwillig parodistischer und sogar intentional parodistischer Art überschwemmt wurden.«

Wenn der Witz des Artikels auch etwas lasch ist, so ist doch die Tatsache, dass in einem Lexikon nicht nur die reine Wahrheit zu finden ist, durchaus sympathisch. Laut Mitteilung von Mitarbeitern des Metzler-Verlages, der die *Enzyklopädie Philosophie und Wissenschaftstheorie* herausgibt, enthalten mehrere Metzler-Lexika solche parodistischen Artikel. Sie imitieren den Lexikonstil so perfekt, dass es nicht wenige Leser geben dürfte, die solche Artikel wörtlich nehmen.

Nachsingen aus Überzeugung

Nicht immer wird in boshafter Absicht parodiert. Es kann auch sein, dass jemand die Art eines anderen und den Stil einer Gruppe imitiert, weil er zeigen will, dass auch er auf der Höhe ist. Das kommt schon auf dem Schulhof vor, wo bestimmte Schüler sich genauso geben wie bestimmte andere, die sie ›cool‹ finden, sich auf dieselbe Weise kleiden, ähnlich reden und so weiter. In der Philosophie tragen solche Leute den vornehmen Namen ›Epigonen‹. Die Epigonen imitieren in bester Absicht. Sie wollen ihr Vorbild keineswegs verhöhnen, sondern vielmehr zeigen, dass sie ›es‹ kapiert haben und ›up to date‹ sind. Nicht nur Schreibweise und Thematik werden imitiert, sondern sogar nervöse Ticks oder sprachliche Defekte! Auch für freundliche Parodien gilt jedoch die Regel, die wir für die boshaften aufgestellt haben:

Je spleeniger ein Stil, desto eher eignet er sich zur Nachahmung.

Literatur

Immer noch unentbehrlich für das Verständnis der *Parodie* ist die Untersuchung von Alfred Liede, wiederabgedruckt in *Dichtung als Spiel, Studien zur Unsinnspoesie an den Grenzen der Sprache*, Berlin 1992. Einen aktuellen Überblick über die verschiedenen Theorien des *Lächerlichen* gibt A. Hügli im *Historischen Wörterbuch der Rhetorik*, Bd. 5, Tübingen 2001. Interessantes zum Thema *Lachen* findet sich im entsprechenden Artikel in der *Enzyklopädie des Märchens*, Bd. 8, Berlin, New York 1996. Gründlich und originell sind die Ausführungen von Gerard Genette zum Thema Parodien in: *Palimpseste. Die Literatur auf zweiter Stufe*, Frankfurt am Main 1993. Harald Fricke und Rüdiger Zymner nutzen die Technik der Parodie für eine Einführung in die Literaturwissenschaft: *Parodieren geht über Studieren*, Stuttgart 2000. Welch schreckliche Folgen mitunter das Nachahmen haben kann, kann man in dem Artikel *Imitation: Fatale und närrische I.* in der *Enzyklopädie des Märchens,* Bd. 7, Berlin, New York 1993 nachlesen.

Gertrude Stein

16. Serienschaltung

Steter Tropfen höhlt den Stein: Durch reine Wiederholung können Meinungen selbstverständlich werden – ohne dass auch nur eine einzige Begründung nachgeschoben werden müsste. Deshalb sind Werber, Politiker und andere Berufsgruppen darauf bedacht, möglichst alles, was sie sagen, in Serie gehen zu lassen. Das kann durch schlichte Wiederholung bewerkstelligt werden oder auch, indem eine Aussage in eine Reihe mit anderen, gleich lautenden Aussagen gestellt wird. Sie erscheint dann nicht isoliert, sondern tritt im Verein auf und wirkt dadurch viel stärker.

Doch es gibt auch Varianten der Serienschaltung, die *keine* bestärkende Wirkung haben. Denn nicht immer gewinnt eine Sache, wenn sie wiederholt wird. Sie kann auch Stück für Stück an Glaubwürdigkeit *verlieren* und schließlich geradezu absurd wirken.

Wird eine Aussage immer weiter wiederholt, so erscheint sie irgendwann mechanisch, dann ermüdend und schließlich lächerlich. In manchen Theaterstücken wird dieser Effekt genutzt, um Heiterkeit hervorzurufen: Dann laufen Schauspieler über die Bühne, die sich in die Brust werfen und in Abständen immer wieder rufen: »Ich bin ja *so* verliebt!« oder »Ich bin ja *so* traurig!« Je erhabener etwas vorgetragen wird, desto leichter kann es durch Wiederholen ins Stolpern geraten. In Parodien wird dieser Effekt oft angewandt: Eine These oder ein Begriff wird dabei so lange

> One is doing one thing and then doing that thing again and then another thing and then one thing and the other thing...
> Gertrude Stein

wiederholt oder sturheil angewandt, bis es lächerlich wird. Eine Variante dieser Technik ist auch für Diskussionen geeignet. Man nimmt dann die Ansicht des anderen her und zeigt, dass sie keineswegs frisch und neu ist, sondern schon hundertfach wiederholt wurde. Wie dies funktioniert, zeigt ein Beispiel aus dem Alltag: Ein Dialog mit einem Zeugen Jehovas. Ort des Geschehens ist ein Treppenhaus.

ZEUGE JEHOVAS Heute wollen wir uns einmal Gedanken über das Ende der Welt machen. Schon Christus sagte ...

FRAU MEIER Genau, schon Jesus glaubte, der Weltuntergang stehe unmittelbar bevor. Wenig später schrieb der Apostel Paulus an die Korinther: »Wir werden nicht alle entschlafen«, da bald schon das Gericht Gottes ins Haus stehe und die Gerechten gleich ins ewige Leben hinübergleiten. Seither hat man nicht weniger als 170-mal allein in den christlichen Kirchen die Endzeitglocken geläutet. Lustig ist die Geschichte des Mathematikers und Theologen Michael Stifel, einem Weggefährten Luthers, der am Neujahrstag 1533 von der Kanzel herunter verkündete, der Weltuntergang finde noch im selben Jahr, und zwar am 19. Oktober um 8 Uhr morgens, statt. Das Datum hatte er aus Wortgleichungen errechnet. Daraufhin verschenkten viele Leute, die ihm geglaubt hatten, ihren Besitz, einige zündeten ihre Häuser an, die Wirte berechneten keine Zechen mehr. Als allerdings der Termin verstrich, ohne dass sich etwas getan hätte, musste Stifel durch Militäreinsatz vor der aufgebrachten Menge gerettet werden. Luther verschaffte seinem Freund eine neue Stelle. Nie wieder trat er als Prophet auf, sondern wandte sich der reinen Mathematik zu, wo er unter anderem die Logarithmen entdeckte ...

ZEUGE JEHOVAS Gewiss, das wundert mich überhaupt nicht, dass Leute, die keine Zeugen Jehovas sind, auch das richtige Datum nicht wissen. Wir aber ....

FRAU MEIER ... – ganz genau, die Zeugen Jehovas sind selbst so ein Beispiel. Erst erklärten sie, der Weltuntergang stehe für 1914 bevor, dann wurde die Frist auf 1925 verschoben und schließlich auf 1975.

ZEUGE JEHOVAS Moment, Moment, das kann man so nicht sagen,
   Gottes Gnade ...
FRAU MEIER ... hat dafür gesorgt, dass der Termin danach auf unbe-
   stimmte Zeit verschoben wurde.
ZEUGE JEHOVAS Die Wege des Herrn sind unergründlich.

Ein Weltende, das ernsthaft vorausgesagt wird, erscheint drama-
tisch. Lässt sich aber zeigen, dass die gleiche Botschaft schon mehrfach feierlich verkündet wurde, so verliert die Behauptung schlag-
artig an Glaubwürdigkeit.

Überraschend ist übrigens, dass apokalyptische Szenarien auch
in den Kreisen strengster Wissenschaft beliebt zu sein scheinen.
Der britische Physiker und Bestsellerautor Stephen Hawking ver-
tritt etwa die Ansicht, die Entdeckung einer großen Theorie, welche für die gesamte Welt Gültigkeit habe, stehe kurz bevor. Damit
wäre, so meint er, die Physik abgeschlossen. Dieser Gedanke war
bereits das Thema seiner Londoner Antrittsvorlesung: *Ist das Ende
der theoretischen Physik in Sicht?* Ein verblüffender Gedanke.
Kenntnisse der Geschichte der Physik zeigen, dass auch diese Idee
schon eine längere Tradition hat. So meinte Lord Kelvin (1824–
1927) um 1900, dass die Physik nur noch einige Stellen hinter dem
Komma bestimmen müsste, dann sei man fertig – die Entdeckung
der Relativitätstheorie stand damals noch bevor! Als die Quantentheorie entwickelt wurde, sahen sich deren Pioniere wieder als
Vollender: Vom Physiker Max Born (1882–1970) etwa wird die
Bemerkung berichtet, dass die Physik »in sechs Monaten vorbei
ist« – damals waren weder die starke noch die schwache Wechsel-
wirkung bekannt. Mit anderen Worten, das Ende der Physik war
schon oft in Sicht.

Manche Ankündigungen sind erstaunlich zäh. So wird seit dem
Altertum behauptet, dass der Einsatz von Maschinen Zeit spare
und den Menschen die Muße ermöglichen werde. Schon Antiparos
(1. Jhd. v.Chr.), ein griechischer Dichter, schrieb folgende Hymne
auf die Erfindung der Wassermühle:

Schonet der mahlenden Hand o Müllerinnen, und schlafet
Sanft! Es verkündet der Hahn euch den Morgen umsonst!
Deo (= Demeter, Göttin des Ackerbaus) hat die Arbeit der
Mädchen den Nymphen (Naturgottheiten) befohlen,
Und jetzt hüpfen sie leicht über die Räder dahin,
Daß die erschütterten Achsen mit ihren Speichen sich wälzen
und im Kreise die Last drehen des wälzenden Steins.
Laßt uns leben das Leben der Väter, und laßt uns der Gaben
Arbeitslos uns freu'n, welche die Göttin uns schenkt.

Das versprochene Zeitalter der Muße dank Wassermühle ist allerdings bis heute nicht eingetreten. Der technische Fortschritt hat oft den gegenteiligen Effekt gebracht: Neuere Untersuchungen haben ergeben, dass das Leben nirgends so hektisch ist wie in den modernen Industrieländern. Dennoch wird jedes neue Gerät, das auf den Markt kommt, als zeitsparend gepriesen.

Nun noch ein Blick auf ein weiteres Verfahren der Entwertung durch Vervielfältigung: die *chaotische Serienschaltung*, auch *Potpourri* genannt. Dabei geht es nicht darum, Listen mit ähnlichen Aussagen zusammenzustellen, um eine bestimmte Meinung zu schwächen. Vielmehr funktioniert das Potpourri so, dass auf ein und dieselbe Frage möglichst unterschiedliche Antworten gesammelt werden, deren Zusammenstellung grotesk wirkt. Also keine Monotonie – sondern Kakophonie! Seit den Zeiten der Antike übt man sich darin, Potpourris anzurühren – zum Teil mit beträchtlichem Erfolg.

Hier ein Beispiel, das seit dem Altertum verwandt wird, um davon abzuraten, sich mit Philosophie zu befassen. Das Argument lautet, dass die Philosophen alle ganz unterschiedliche Sachen lehren. Die einen sagen dies, die anderen das. Aus dem Durcheinander der Lehrmeinungen leitet man ab, dass an der Philosophie überhaupt nicht viel dran sein könne. Das Argument stammt aus der skeptischen Schule, die von dem Philosophen Pyrrhon von Elis (ca. 360-270 v.Chr.) begründet wurde. Die Schüler des Pyrrhon benutzten das Verfahren, um nicht nur die Philosophie, sondern überhaupt sämtliche kulturellen Werte in Frage zu stellen. In einem alten Text heißt es: »Dasselbe ist für die einen gerecht, für die anderen ungerecht, für diese gut, für jene böse. So halten die Perser es nicht für pervers, mit der eigenen Tochter zu schlafen, was den Griechen ein Greuel ist. Die Massageten teilen sich ihre Frauen, die Griechen nicht, die Kilikier lieben die Piraterie, die Griechen dagegen nicht. Jedes Volk hat seine eigenen Götter, und manche glauben an die Vorsehung, andere nicht. Die Ägypter bestatten ihre Toten mumifiziert, die Römer verbrennen sie, die Paionier werfen sie in die Sümpfe. Woraus folgt, daß man sich des Urteils, was wahr ist, lieber enthalten sollte.«

Bis heute sind Argumente dieses Typs beliebt, vor allem, wenn es darum geht, Skepsis zu schüren und Bedenken anzumelden.

Literatur

Die steigernde Wirkung von Wiederholungen ist ein in rhetorischen Lehrbüchern oft behandeltes Thema, zur trivialisierenden Wirkung von Wiederholungen hingegen findet man nur zerstreute Bemerkungen. So auch in der Arbeit von Kurt Spang, *Grundlagen der Literatur- und Werberhetorik*, Kassel 1987, Zweiter Teil, III, 2, welche lediglich die klassischen rhetorischen Wiederholungsfiguren erläutert, aber immerhin auch die Variante der »chaotischen Aufzählung« berücksichtigt. Zur chaotischen Serienschaltung siehe auch die Bemerkungen bei Sabine Mainberger, *Die Kunst des Aufzählens. Elemente zu einer Poetik des Enumerativen*, Berlin, New York 2003, besonders Kapitel II, 3. Auch zur monotonen Serienschaltung finden sich Beispiele bei Mainberger, die sich dabei besonders auf den Schriftsteller und Ethnologen Hubert Fichte (1935–1986) beruft, der das Verfahren reflektiert anwandte. Die Wiederholungskunst der Gertrude Stein ist zu komplex, um in diesem einführenden Kapitel besprochen zu werden. Einen Eindruck von ihren subtilen Verfahren vermittelt ihr Werk *The making of the Americans*, London 1968. Das Antiparoszitat findet sich im ersten Band des *Kapitals*. Den Text entnahm Marx folgendem Werk: *Gedichte aus dem Griechischen übersetzt von Christian Graf zu Stolberg*, Hamburg 1782.

17. Orakel

Bei vielen Entscheidungen in der alten Welt galt das Orakel als wichtiges, bisweilen gar als entscheidendes Argument. Menschen kamen zu dem Orakel, um zu erfahren, was sie tun sollten. Es antwortete dann mit einem verschlüsselten Rätselspruch, den der Betreffende selbst auslegen musste. So wurde dem Händler Zenon etwa bedeutet, er solle »sich zu den Toten legen«, was dieser sich so zurechtlegte, dass er alte Schriften lesen und Philosoph werden solle.

Auch beim Wettstreit der Philosophenschulen wurde das Orakel zu Rate gezogen. Chairephon, ein Schulfreund des Sokrates, zog zum Orakel in Delphi und wollte wissen, wer unter den Menschen der weiseste sei. Da gab die Pythia eine klare Antwort: »Von allen Menschen ist Sokrates der weiseste.«

Für Sokrates war diese Auskunft ein Ansporn zu weiterer Forschung. Was konnte Apollon, der Herr des Orakels, mit seinem Spruch meinen? Sokrates machte sich an Menschen heran, die im Ruf der Weisheit standen, um so vielleicht das Orakel zu widerlegen. Laut Platon kommt Sokrates zu dem Ergebnis, dass nur der Gott weise sei, die menschliche Weisheit aber nur wenig wert sei oder gar nichts. Der Spruch des Orakels habe daher zu besagen, dass am weisesten sei, wer wie Sokrates erkannt hat, dass er, recht betrachtet, wenig weiß. Eine Erkenntnis, die zu dem Satz popularisiert wurde ›Ich weiß, dass ich nichts weiß‹.

Es gab zahlreiche Orakel in der alten Welt – das berühmteste jedoch war das delphische, welches in den Bergen Zentralgriechenlands residierte. Noch heute kann man dort die Tempelruinen betrachten. Aus einigen antiken Berichten, aber auch aus Ausgrabungsfunden können wir uns ein Bild davon machen, wie das Orakel funktionierte.

Protagonist war die Pythia, eine Priesterin, die in strenger

Zurückgezogenheit im Tempel des Apollon lebte. Sie entstammte stets einer Familie in Delphi und wurde wahrscheinlich durch das Los bestimmt. Ursprünglich muss es sich um junge Mädchen gehandelt haben, nachdem aber eine von einem leidenschaftlich entflammten Besucher entführt worden war, versahen Frauen mittleren Alters das Amt.

Die delphische Pythia saß auf einem Dreifuß. Das war ein hockerartiges Gerät, das normalerweise zum Kochen verwendet wurde. Nach manchen antiken Berichten stand dieser Dreifuß über einem Erdspalt, aus dem Dämpfe drangen, welche die Priesterin in Trance versetzten. Bei den Ausgrabungen in Delphi hat man allerdings keine derartige Erdspalte entdecken können. Wahrscheinlich ist aber, dass sich die Priesterin durch Weihrauchdüfte oder auch mit anderen Mitteln in einen Zustand des Halbschlafs zu versetzen pflegte.

Die Orakelsuchenden richteten ihre Fragen nicht unmittelbar an sie selbst, sondern an das Kultpersonal, das sie dann der Pythia, die abgeschieden hinter einem Vorhang saß, zuflüsterte. In alltäglichen Fragen war die Antwort oft ein einfaches Ja oder Nein. Bei schwierigen politischen Fragen antwortete die Pythia ausführlicher, oft in verrätselten Versen. Einige dieser Orakel, die in wichtigeren Fällen auch schriftlich aufgezeichnet und archiviert wurden, sind erhalten geblieben.

So beschied die Priesterin eine athenische Delegation, die wissen wollte, wie man sich gegen den anmarschierenden persischen König Xerxes (520–465 v.Chr.) zur Wehr setzen solle, mit den Worten:

Hoch von den Firsten der Tempel strömt es von dunklem
Blut zum Zeichen des drohenden Unglücks.
Drum verlaßt das heilge Gemach, faßt Mut bei dem Unheil!
Nur die hölzerne Mauer schenkt unverwüstet der Walter Zeus
seiner Athene, für dich und die Kinder zum Nutzen.

Mit diesen Sprüchen kehrte die Gesandtschaft nach Hause zurück, wo zunächst über den Sinn der Worte gestritten wurde. Einige waren der Ansicht, dass mit der hölzernen Mauer die dichte Dornenhecke um die Akropolis gemeint war. Schließlich setzte sich eine andere Interpretation durch, die davon ausging, es seien Schiffe gemeint. Man rüstete daher für eine Seeschlacht, die dann auch bei Salamis ausgetragen wurde und den Athenern den Sieg über die zahlenmäßig weit überlegene persische Flotte brachte. Woher die Pythia ihre Weisheit hatte, darüber wird oft spekuliert. Zum einen war der Tempel von Delphi durch Kontakte in alle Teile der alten Welt gut informiert. Und dann ist es eine bekannte Tatsache, dass Menschen in tranceähnlichen Zuständen durchaus in der Lage sind, eine gewisse Hellsichtigkeit zu entwickeln und mehr wahrzunehmen, als es normalerweise der Fall ist. Das Orakel hätte jedenfalls kaum so lange sein Ansehen in der alten Welt behaupten können, wenn nicht eine erstaunliche Zahl der Vorhersagen und Ratschläge nützlich gewesen wäre. Und ein Spruch, der in der Vorhalle des Tempels zu finden war, ist geradezu zu einem Schlüsselsatz menschlicher Weisheit geworden: *gnothi seauthon –* erkenne dich selbst.

Heute sind Orakel nur noch im privaten Bereich von Belang. In öffentlichen Diskussionen spielen sie keine Rolle mehr. Der Niedergang des Orakelwesens begann schon in der Antike und wurde durch die Ausbreitung des Christentums beschleunigt. Es gab Versuche, ihn aufzuhalten – der eindrucksvollste ist jener des römischen Kaisers Julian, genannt der Abtrünnige (Apostata). Julian, der Neffe Konstantins des Großen, bekannte sich nach seiner Thronbesteigung im Jahre 361 offen zum Glauben an die alten

Götter. Er lehnte das Christentum ab, führte den heidnischen Kult wieder ein und wollte auch das delphische Orakel neu beleben. So schickte er seinen Freund und Mitarbeiter, den Arzt Oreibasios, nach Delphi. Dieser erhielt den folgenden Spruch:

> Saget dem Herrscher, zerstört liegt die kunstgesegnete Stätte, Phoibos besitzt kein Dach mehr und keinen prophetischen Lorbeer.
> Verstummt ist der sprechende Quell, es schweigt das murmelnde Wasser.

Ein unverkennbar ungünstiges Orakel, das sich zudem bewahrheiten sollte. Schon 363 traf Julian der Tod auf dem Schlachtfeld. Der Versuch, dem Orakelwesen wieder öffentliche Geltung zu verschaffen, blieb erfolglos. Sein Nachfolger war wieder ein christlicher Kaiser.

• •

Spiel: Zeitreise zu den alten Griechen

Was die äußeren Lebensumstände angeht, waren die alten Griechen von der heutigen Welt weit entfernt. Das zeigt sich nicht nur an dem Brauch, bei wichtigen Entscheidungen ein heiliges Orakel zu befragen, sondern auch an vielen Details des Alltags. Viele Griechen gingen barfuß, einige trugen Sandalen. Uhren kannte man nicht – die Zeit wurde noch am Stand der Sonne bestimmt oder an der Länge der Schatten. Die Kleider hatten einfachste Schnittmuster – zwei Stoffbahnen, die an einigen Stellen zusammengenäht waren, so dass eine Art Poncho entstand. Die Möblierung der Häuser war höchst sparsam. Eine prächtige Ausstattung, so meinte man, beschwöre den Zorn der Götter herauf. Auch auf der geistigen Ebene fehlten viele Hilfsmittel, die uns heute das Denken, Rechnen und Planen erleichtern. Das System der *Zahlen* zum Beispiel war höchst primitiv: Man verwendete Buchstaben, nicht Ziffern. Die Zahl 7864 sah bei den Griechen so aus: ͵ζωξδ. Die Zahl

1000 hingegen schrieb man so: ‚α. Mit den damals gebräuchlichen
Zeichen konnte man zwar jede Zahl aufschreiben – für die Durch-
führung von Rechnungen war das System aber kaum geeignet.
Jeder Drittklässler kann heute mit dem eleganten indisch-arabi-
schen Ziffernsystem besser rechnen als die größten Genies der
Antike. Ähnlich stand es auch um ein anderes Hilfsmittel, die
Schrift. Sie war zwar schon erfunden, besonders übersichtlich war
sie jedoch nicht. Lesen kam einer Entzifferungsübung gleich, denn
alle Konventionen, die heutedaslesenvereinfachenfehltendamals-
nochsowurdendiezeilenmalvonlinksnachrechtsmalvonrechtsnach-
linksmalabwechselndlinksrechtsrechtslinksgeschriebensatzzeichen
oderabständezwischenwörternwarenungebräuchlichmanschrieb-
inscriptiocontinuainderfortlaufendenschriftkeinwunderdassnu-
reinkleinerteildergriechenlesenkonnte. Bedenkt man die höchst
einfachen Hilfsmittel, die den Griechen zur Verfügung standen, so
wirkt ihre Leistung noch erstaunlicher. In wenigen Generationen
wurden damals die Grundlagen für die wissenschaftliche, politische und literarische Kultur Europas gelegt. Ihr Einfluss zeigt sich
überall – nicht nur in der Philosophie: Fast alle Wörter, mit denen
unsere Kultur ihre Errungenschaften bezeichnet, sind griechischen
Ursprungs: angefangen bei ›Europa‹, über ›Technik‹, ›Theater‹,
›Demokratie‹, ›Musik‹, ›Mathematik‹ bis hin zu ›Philosophie‹,
›Physik‹ und ›Psychologie‹.

Literatur
Einen Überblick über die antiken Orakel vermittelt der entsprechende Artikel
in *Der Neue Pauly – Enzyklopädie der Antike*, Bd. 9, Stuttgart 2000. Über
das Orakel von Delphi informiert lesenswert Marion Giebel, *Das Orakel von
Delphi. Geschichte und Texte*, Stuttgart 2001.

Raimundus Lullius

18. Kombinieren

Wer probiert schon sämtliche Kombinationen zwischen Hemden, Hosen, Jacken und Mänteln durch, die der Kleiderschrank theoretisch erlauben würde? Welcher Koch nutzt schon alle möglichen Verbindungen, die es zwischen Gemüse, Obst, Fleisch und Gewürzen gibt, um ein leckeres Gericht zustande zu bringen? Nicht nur Zweckmäßigkeit, sondern auch die Gewohnheit führen dazu, dass zwischen verschiedenen Elementen, die vorliegen, meist nur ein winziger Bruchteil miteinander verbunden wird. In manchen Fällen allerdings ist es nützlich, einen Blick auf diejenigen Zusammenstellungen zu werfen, die man bislang nicht beachtet hat.

Dabei kann man sich zum einen von Vorbildern leiten lassen – indem man sich ansieht, was andere anziehen oder wie sie kochen. Man kann es auch dem Zufall überlassen, diese oder jene neue Verbindung hervorzubringen. Ein anderer Weg ist die systematische Suche nach neuen Kombinationen.

Diesen Weg entwickelte der spanische Philosoph Ramon Llull (1235–1315). Er war ohne Zweifel einer der merkwürdigsten Philosophen des Mittelalters. Llull, der auch Lullus oder Lullius genannt wird, wurde auf Mallorca geboren und lebte zunächst, wie es scheint, ein abwechslungsreiches Leben als Edelmann, Minnesänger und Höfling, ausgebildet in allen ritterlichen Künsten. Nach einem religiösen Erweckungserlebnis entsagt er dem weltlichen Treiben. Er studiert, lernt Hebräisch und Arabisch und begibt sich anschließend auf ausgedehnte Reisen in den Mittelmeerraum, da er es als seine neue Aufgabe erkannt hatte, die Ungläubigen zu missionieren. Dabei schreibt er ungeheuer viel – über 300 Bücher sind von ihm überliefert. Seine Frau, die er im Zuge seiner Erleuchtung kurz entschlossen verlassen hat, beantragt beim König eine Rente, da ihr Mann, wie sie schreibt, »ein Kontemplativer geworden ist«. Llull selbst bezeichnet sich als »Artist«. Er glaubt nämlich, ein höchst kunstvolles Verfahren entdeckt zu haben, das ihm die elegante Lösung sämtlicher philosophischen und theologischen Streitfragen gestattet. Dieses Verfahren hat er mehrfach dargestellt, insbesondere in einem Buch mit dem schönen Titel *Ars compendiosa inveniendi veritatis – Die kurzgefasste Kunst der Wahrheitsfindung,* auch bekannt unter dem Namen *Ars universalis,* universale Kunst. Der Inhalt des Buches sei ihm, wie Llull später bekannte, durch göttliche Inspiration eingegeben worden, und zwar auf dem Berge Randa auf Mallorca. In seiner *Ars universalis* beschreibt Llull ein Kombinationsverfahren zur Entdeckung von Wissen. Grundlage dafür sind Pappscheiben, die sich drehen lassen. Man braucht hierfür nur zwei runde Bierdeckel, die auf einer Seite unbedruckt sind. Bei einem dieser Bierdeckel schneidet man jeweils ein Stück vom Rand weg, so dass man zwei Kreise, einen größeren und einen kleineren, erhält.

Nun notiert man Kürzel für die Gegenstände, die man kombinieren möchte, auf den Rändern der zwei Pappscheiben – Llull verwandte hierfür die neun Buchstaben B, C, D, E, F, G, H, I, K. Sie stehen bei ihm für allgemeine Kategorien und Werte, etwa Güte, Größe, Ewigkeit, Macht, Weisheit, Willen, Tugend, Wahrheit, Ruhm. Sie könnten jedoch auch für Gewürzkräuter und Gerichte stehen, wenn es um neue Würzideen geht. Der Vorzug gegenüber dem Herumprobieren liegt darin, dass die Kombination auf eine systematische Weise zustande kommt. Wenn man auf den Pappscheiben alle Elemente notiert hat, kann man sicher sein, dass man durch Drehen der Scheiben auch alle möglichen Kombinationen herausbekommt. Ob die Kombinationen auch brauchbar sind, ist natürlich eine andere Frage. Dieses Urteil kann einem die Maschine nicht abnehmen – sie produziert einfach Kombinationen, ohne zu fragen, ob diese sinnvoll sind. Sie funktioniert als ein sogenanntes ›Expertensystem‹, ähnlich wie moderne Rechtschreibprogramme, die bestimmte Schreibweisen auf dem Bildschirm unterschlängeln und Alternativen anbieten, die Entscheidung jedoch dem Schreiber überlassen.

Je nachdem, ob man Zweier-, Dreier- oder Viererpaare bilden will, benötigt man zwei, drei oder auch vier Pappkreise. Man kann theoretisch auch mit zehn Kreisen arbeiten, doch wird die Sache dann etwas unübersichtlich. Llull verwandte seine Kombinationsverfahren auf überaus vielfältige Weise. So leitet er aus seiner Kombinatorik ein neuartiges Wahlverfahren ab, das er in seinem Roman *Blanquerna* Klosternonnen zur gerechten Wahl der Äbtissin empfiehlt. Alle Kandidatinnen sollen gegen alle antreten – in Zweier-Stichwahlen. Gewonnen hat diejenige Kandidatin, die dabei die meisten Siege verbuchen kann. An sich ein gerechtes und konsequentes Verfahren – nur leider ziemlich kompliziert. Personenwahlen werden heute auf einfachere Weise abgehalten. Doch der deutsche Fußballmeister wird im Prinzip genauso ermittelt, wie es Llull vorgeschlagen hat, nämlich in geordneten Spielen aller Mannschaften gegen alle anderen, wobei freilich nicht nur die Siege zählen, sondern auch die Zahl der Tore und die sogenannte Tordifferenz ins Gewicht fallen.

Gottfried Wilhelm Leibniz, der die Llull'sche Kombinatorik aufgriff und weiterentwickelte, zeigte, dass sie sich auch für die Entschlüsselung von Geheimschriften, die Erfindung sicherer Schlösser und sogar für die Lösung juristischer Probleme verwenden lässt. Schließlich wandte er seine kombinatorischen Methoden auch auf die aristotelische Syllogistik an, womit er zum Begründer der mathematischen Logik wurde.

Die Llull'schen Drehscheiben empfehlen sich besonders dann, wenn man viele Elemente miteinander kombinieren möchte. Für eine kleinere Anzahl von Elementen ist auch die sogenannte Kreuztabelle nützlich. Dabei werden die Elemente, die kombiniert werden sollen, auf dem seitlichen und oberen Rand aufgetragen, in den Zwischenraum schreibt man die Resultate:

	C	D
A	AC	AD
B	BC	BD

Oft hat man es nur mit zwei Begriffspaaren zu tun, wie etwa in der aristotelischen Lehre von den Elementen. Feuer, Wasser, Erde und Luft werden von Aristoteles elegant durch Kombination der stofflichen Qualitäten feucht-trocken und warm-kalt charakterisiert:

	Warm	*Kalt*
Feucht	Luft	Wasser
Trocken	Feuer	Erde

Wie lassen sich diese Techniken nun sinnvoll in philosophischen Debatten anwenden? Meiner Ansicht nach sind sie etwa dann nützlich, wenn es darum geht, sich eine Übersicht über Begriffssysteme zu verschaffen. Viele Philosophen arbeiten mit einem begrenzten Schatz von Begriffen, Fragestellungen und Erklärungsmustern. Diese kombinieren sie und gelangen so zu ihren Thesen. Mit den Praktiken der Kombinatorik – seien es nun Drehscheiben oder Kreuztabellen – kann man neue Gedankenverbindungen aufspüren, die in einem bestimmten Begriffssystem möglich sind, aber bislang noch nicht beschritten wurden. Unter den neueren Philosophen hat besonders Jürgen Habermas sich der kombinatorischen Praktiken bedient, wobei er allerdings keine llullschen Drehscheiben verwandt hat, sondern sich mit einfachen Tabellen begnügte. In seiner Tafel der *Welteinstellungen* in der *Theorie des kommunikativen Handelns* kombiniert er zwei Unterscheidungen, um die verschiedenen Weltreligionen zu kennzeichnen und gelangt zu folgender Tabelle:

	Aktive Heilssuche	*Passive Heilssuche*
Weltverneinung	Judentum/Christentum	Hinduismus
Weltbejahung	Konfuzianismus	Griechische Metaphysik

Tabellen oder Drehscheiben sind formale Instrumente. Sie funktionieren nicht automatisch, sondern nur, wenn ein kluger Kopf die Ergebnisse sichtet und beurteilt. Sie sollen das Denken unterstützen – nicht ersetzen. Deshalb muss man stets eine eigentümliche Tücke der Kombinatorik im Blick behalten. Sie erzeugt mühelos scheinbar professionelle ›Resultate‹. Es ist vor dem *diagrammatischen Fehlschluss* zu warnen. Wo man eine übersichtliche Tabelle erblickt, da meint man leicht, dass hier doch alles stimmen müsse, weil es so stimmig aussieht. Das ist aber nicht immer der Fall, wie schon die beiden Beispiele zeigen. Denn ob die Religionen, die Habermas in seinen Kästchen anordnet, mit den Begriffspaaren wirklich hinreichend charakterisiert sind, ist durchaus zweifelhaft. Und auch die aristotelische Vier-Elementen-Lehre wirkt nur auf den ersten Blick überzeugend. Wenn man einzelne Aussagen aus dem symmetrischen Verband isoliert, erscheinen sie ziemlich bizarr: Ist die Luft wirklich immer warm und feucht? Und die Erde kalt und trocken?

Damit komme ich wieder zurück zu Ramon Llull. Denn auch Llull scheint die Reichweite seiner kombinatorischen Praktiken gelegentlich überschätzt zu haben. Er lebte in der Zeit der Glaubenskriege zwischen Moslems und Christen. Wenige Jahre vor seiner Geburt hatte König Jakob die Insel Mallorca, wo Llull geboren wurde, den islamischen Sarazenen abgenommen. Noch zu Llulls Lebzeiten waren etwa ein Drittel der Einwohner Moslems, hinzu kamen zahlreiche Juden. Llull hatte es als seine Aufgabe erkannt, den Dialog zwischen den verfeindeten Religionen zu fördern. Denn nicht durch Feuer und Schwert könne man die Ungläubigen bekehren, sondern nur durch den Versuch von Verständigung und Argumentation. Von seiner Kunst erhoffte er sich nichts weniger als die Möglichkeit, Moslems und Juden durch rationale Demonstration zum christlichen Glauben zu bekehren. Deshalb bezeichneten die Kürzel auf seiner Tafel auch nicht irgendwelche Begriffe, sondern die höchsten geistigen Werte der damaligen Zeit – nämlich die Attribute Gottes und die Kategorien des

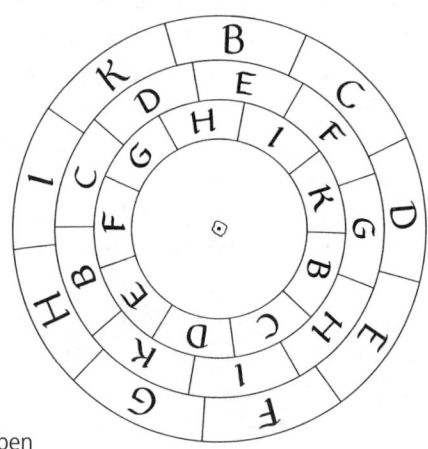

Llulls Drehscheiben

Aristoteles. Durch deren Kombination glaubte er sich jeder geistigen Herausforderung gewachsen. Doch seinen Gegnern konnte nicht entgehen, dass Llull durch die Programmierung seiner Drehscheiben bereits vorwegnahm, was bei den Beweisen herauszukommen hatte. Im Jahre 1306 reiste er nach Bougie (heute Bejaia in Algerien), wo der katalanische König ein Konsulat unterhielt. Unermüdlich missionierte er hier mit seiner Ars universalis, um die Wahrheit der christlichen Lehre darzustellen. Schließlich wurde er verhaftet. Im Gefängnis erhielt er Besuch von islamischen Geistlichen, die gehört hatten, er könne die Wahrheit der christlichen Lehre schriftlich demonstrieren. Llull holte seine

Wahrheitsmaschine heraus, begann zu kombinieren und war mitten in der Ausführung des Beweises, als seine Abschiebung verfügt wurde. Nicht wenig verärgert bestieg er kurz darauf sein Schiff. Bei einem späteren Besuch in Bougie wurde er, so die Legende, nach einer Straßenpredigt von aufgebrachten Moslems mit Steinen beworfen. Er starb auf der Heimreise nach Mallorca, wo er in der Kirche St. Franziskus in Palma bestattet wurde. Llulls Werk erlebte eine wechselhafte Rezeption. Seine große Kunst war der Kirche verdächtig und wurde zwischenzeitlich sogar auf den Index der verbotenen Bücher gesetzt. In der Neuzeit wurde sein Werk als Pionierarbeit der mathematischen Kombinatorik gewürdigt.

Gedankenspiel: Wann wird alles gesagt sein?

Alle Sätze, die man behaupten kann, bestehen aus denselben Zeichen. Es ist daher, vom Standpunkt der Kombinatorik, interessant, sich vorzustellen, ob man nicht alles, was man sagen kann, statt durch Nachdenken durch bloße Kombination von Buchstaben zustande bringen kann. Dass man auf diese Weise auch sehr viel Unsinn erzeugt, ist klar. Bei der kombinatorischen Methode hätte man immerhin irgendwann die Sicherheit, dass auch wirklich alles gesagt ist. Leibniz hat in einer Notiz über den Horizont des menschlichen Wissens eine Rechnung dazu angestellt. Für die Zahl aller denkbaren Aussagen (seien sie nun wahr, falsch oder unsinnig) kommt er darin auf $10^{730.000.000.000}$, immerhin eine Zahl mit 730 Milliarden Nullen. Um sich eine Vorstellung von dieser Zahl zu machen, stelle man sich einen Schriftsteller nach Art des *Armen Poeten* von Carl Spitzweg vor, der alle diese Sätze auf einzelne Zettel schreibt, die er anschließend in Zettelkästen unter seinem Bett sammelt. Dabei würde sich allmählich ein Berg bilden, der Bett und den unermüdlich schreibenden Poeten anheben würde, bis zur Zimmerdecke und durchs Dach hindurch und immer weiter, vorbei an Mond und Planeten. Wenn der Poet schließlich alle Aussagen aufgeschrieben hätte, und aus seinem Bett stiege, um zu seinem Verleger zu gehen, so würde es Lichtjahre dauern, bis er unten ankommt.

Literatur

Einen guten Eindruck vom Werk Llulls bietet das um informative Essays ergänzte *Buch vom Heiden und den drei Weisen*, Freiburg im Breisgau 1986. Llull erzählt dort von dem Gespräch eines Moslems, eines Juden und eines Christen, die einen »Heiden«, den sie im Walde antreffen, von der Wahrheit ihrer jeweiligen Religion zu überzeugen suchen. Auch die *Ars universalis* wird bei dem Gespräch eingesetzt. Für welche der Religionen sich der Heide entscheidet, bleibt am Ende offen, und auch sonst spricht die gesamte Anlage des Buches von der Achtung des Autors vor anderen Religionen. Für weitere Einblicke in Llulls Werk siehe Anthony Bonners reich illustriertes Buch *Doctor Illuminatus. A Ramon Llull Reader*, Princeton 1993. Llulls Überlegungen zu Wahlen findet man im Internet unter www.uni-augsburg.de/llull. Leibniz hat seine Ideen zur Kombinatorik in einem schönen Dialog dargestellt und unter anderem an der Frage der möglichen Verbindung zwischen 3 Männern und 2 Frauen illustriert: Gottfried Wilhelm Leibniz, *Ein Dialog zur Einführung in die Arithmetik und Algebra*, hg. und übersetzt von Eberhard Knobloch, Stuttgart-Bad Cannstatt 1976. Eine hübsche Anwendung der Kombinatorik kann man in der *Kunsthalle Würth* in Schwäbisch Hall besichtigen: Den *Poesie-Automaten* von Hans Magnus Enzensberger, mit dem sich sechszeilige Gedichte automatisch erzeugen lassen.

19. Ursachen

Alles, was ist, hat einen zureichenden Grund, aus dem es notwendig folgt. Diese eindrucksvolle Bemerkung bezeichnet man als den Satz vom zureichenden Grund.

Mit ›Grund‹ sind in dem Satz die Ursachen gemeint und die genießen in der Philosophie gewaltiges Prestige. Erst wenn man die Ursachen erkannt hat, weiß man so richtig, warum die Dinge sind, wie sie sind. Erst dann hat man eine sichere Basis für das Wissen und nur so kann man andere definitiv überzeugen. Bloßes Faktenwissen ist wenig wert, solange man die Gründe nicht kennt. Entsprechend galt die Ursachensuche lange als wichtigste Beschäftigung des Philosophen.

Umso wichtiger ist es, gleich zu Anfang festzustellen, dass der Satz vom zureichenden Grund falsch ist. Es ist ein Irrtum, anzunehmen, dass es für alle Dinge genau einen Grund gebe. Zutreffend ist vielmehr das *Prinzip des mehrfachen Grundes*: Alles, was ist, hat mehrere Gründe. Wer sich also anschickt, die Welt zu erklären, hat immer eine Auswahl von mehreren Möglichkeiten – man kann sich diejenige Ursache aussuchen, die in einer bestimmten Situation, für einen bestimmten Zweck von Vorteil ist.

Der erste Philosoph, der sich eingehender mit dem Begriff der Ursache befasste, war Aristoteles. Während das bloße Faktenwissen nur darstelle, dass etwas ist, lehre die Ursache, *warum* es so ist. Aristoteles stellte fest, dass man in verschiedener Art und Weise von Ursachen spreche. Und so unterschied er vier verschiedene Bedeutungen, entsprechend den vier Weisen, in denen Warum-Fragen beantwortet werden können. Wir können diese Lehre von den mehrfachen Ursachen an einem Beispiel verdeutlichen:

Warum ist die Banane krumm?

Auf diese Frage kann man sich mehrere Antworten zurechtlegen; und diese führen unmittelbar auf die verschiedenen Ursachen, die Aristoteles unterschieden hat.

1. Weil die einzelnen Bananenfrüchte das Licht erreichen wollen: Das ist die Zielursache, die in der Zukunft liegt (*causa finalis*, wie es in der Fachsprache heißt).
2. Weil die Fasern ihrer Schale auf der einen Seite schneller wachsen als auf der anderen: Hier stoßen wir auf die bewegende Ursache, die Wirkursache (*causa efficiens*).
3. Weil das Krummwerden in ihrem genetischen Programm verankert ist: Dies ist die Formursache (*causa formalis*). Und schließlich:
4. Weil die Umstände es erlaubt haben – eine etwas diffuse Ursache. Sie wird *causa materialis* genannt.

Vielleicht erscheint dieses Beispiel dem einen oder anderen etwas weit hergeholt. Doch die Banane ist ein in philosophischen Schriften vielbeachtetes Obst. Sie wird schon in buddhistischen Texten aus dem 6. vorchristlichen Jahrhundert verherrlicht. Auch im Koran wird sie erwähnt. Das Abendland erfuhr von der krummen Frucht durch Alexander den Großen (356–323, Schüler des Aristoteles). Auf seinem Indienfeldzug sichteten seine Leute weise Brahmanen (indische Priester), welche mit Genuss gelbe, fingerartige Früchte verzehrten. Als der Botaniker Carl von Linné (1707–1778) sich später vor die Aufgabe gestellt sah, der Banane eine wissenschaftliche Bezeichnung zu geben, erinnerte er sich an diesen Bericht und taufte die Frucht auf den Namen: *musa sapientum*, Muse des weisen Mannes. So nennt sie der Fachmann bis heute. Der volkstümliche Name Banane leitet sich vom arabischen Wort für Finger, *banan* ab. So viel zur Banane. Hier die vier Ursachen in einer Übersicht:

causa finalis: Die Zweckursache
causa efficiens: Die Wirkursache
causa formalis: Die Formursache
causa materialis: Die Materialursache

Diese Ursachen kann man sich in folgendem Schema zurechtlegen:

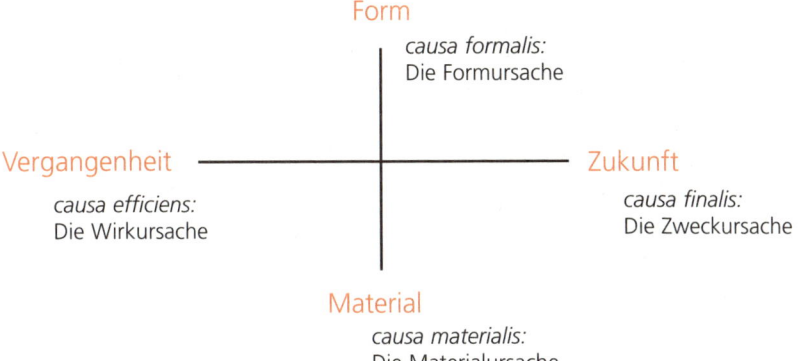

Form
causa formalis:
Die Formursache

Vergangenheit — Zukunft
causa efficiens: *causa finalis:*
Die Wirkursache   Die Zweckursache

Material
causa materialis:
Die Materialursache

Nach Aristoteles hat es noch weitere, teilweise hochkomplizierte Versuche gegeben, Systeme von Ursachen aufzustellen. Wir halten uns an das klassische Schema, weil es einen guten Überblick bietet über die Möglichkeiten, die man hat, wenn man über Ursachen und Gründe diskutiert.

Ein alltäglicher Fall ist das Hin und Her von Beschuldigung und Entschuldigung. Man beschuldigt einen anderen, indem man ihm eine bestimmte Absicht unterstellt. Dabei geht es um die Zielursache. Der Beschuldigte seinerseits versucht, sich mit den drei anderen Gründen, die sich bei Aristoteles finden, herauszureden. Konkret kann dies folgendermaßen vor sich gehen:

FRAU MEIER Du wolltest doch schon um vier nach Hause kommen?

HERR MEIER Es kam noch ein Anruf rein (äußere Umstände, die nicht kontrollierbar sind, *causa materialis*).

FRAU MEIER Ich glaube eher, du wolltest mich mal wieder warten lassen (du hattest eine bestimmte Absicht, *causa finalis*).

HERR MEIER Das war wirklich eine wichtige Sache, die betraf unser nächstes Projekt, da musste ich schon drangehen (Sachzwang, *causa formalis*).

Und hier noch einige weitere Beispiele: Wer ein gutes Abitur gemacht hat, ist meist der Ansicht, seine zielstrebige Arbeit sei die Ursache dafür. Wer hingegen durchgefallen ist, dem scheinen in der Regel die äußeren Umstände, etwa eine Verschwörung der Lehrer, ausschlaggebend zu sein.

Ist ein Buch erfolglos, dann beschuldigt der Autor (z. B. Günter Grass) den Kritiker (z. B. Marcel Reich-Ranicki), der es verrissen hat, dieser habe sein Buch »getötet« – der Kritiker hingegen fragt zurück, ob es denn ausgeschlossen sei, dass der Misserfolg des Buches andere Gründe habe? Etwa den, dass das Buch wirklich schlecht war.

Ähnlich funktioniert es auch in der politischen Diskussion. Kommt die Konjunktur in Gang, sagt der Kanzler: ›Das ist *mein* Aufschwung!‹ Er betrachtet sich also selbst als Wirkursache der positiven Entwicklung. Kommt es dagegen zu einer Pleitewelle und steigen die Arbeitslosenzahlen, dann sagt der Kanzler: ›Die weltwirtschaftliche Lage ist schuld.‹ Der Erfolg hat bekanntlich viele Väter. Der Misserfolg hingegen ist ein Waisenkind.

Es gibt hierzu sogar empirische Untersuchungen. So haben amerikanische Psychologen das Verhalten von Paaren beim Autofahren untersucht. Ihr Resümee: Die Ehen werden im Himmel geschlossen, im Auto gehen sie auseinander. Warum? Weil der Beifahrer dazu neigt, den Fahrer zu beobachten und sein Verhalten dafür verantwortlich zu machen, dass die Fahrt so ist, wie sie ist. Der Fahrer seinerseits sieht die Ursache für sein Fahrverhalten ganz woanders. Nämlich in der äußeren Situation, die ihm keine Wahl gelassen habe, als diesen oder jenen Schlenker zu machen.

Man wird wohl kaum unterstellen wollen, dass Menschen in allen diesen Fällen bewusst die Unwahrheit sagen, wenn sie Ursachen an anderen Orten lokalisieren als die anderen. Vielmehr sollte man akzeptieren, dass viele Geschehnisse es schlicht und einfach gestatten, dass man, je nach Perspektive, unterschiedliche Ursachen ausfindig macht.

Ursachen in den Wissenschaften

Auch in den Wissenschaften gibt es fast immer verschiedene Theorien, die darum konkurrieren, ein und denselben Sachverhalt zu erklären. Hier ein Beispiel aus der Biologie: Es geht um die Entwicklung der Lebewesen. Diese lässt sich, wie Charles Darwin (1809–1882) gezeigt hat, mit Hilfe des Prinzips der natürlichen Selektion erklären. Die Gestalt und die Überlebenschance der Arten wird dabei auf äußere Faktoren, nämlich die Anpassung an einen bestimmten Lebensraum zurückgeführt.

Es gibt zur darwinistischen Evolutionstheorie aber eine Alternative, wie eine Frankfurter Forschergruppe dargelegt hat: Man kann sich nämlich auch den mechanischen Aufbau der Lebewesen ansehen, und auf diesem Weg, gewissermaßen von innen, ihre Entwicklungsmöglichkeiten abschätzen. Die Organismen werden dann in Analogie zu einer Maschine betrachtet, als energiewandelnde Maschinen. Sie bestehen aus einem Gefüge von Membranen, in die Flüssigkeiten, zum Beispiel Säfte oder Blut eingeschlossen sind.

So ein Organismus ist also ein hydraulisches System, ganz gleich, ob er eine Pflanze oder ein Tier ist. Und ein solches System hat rein physikalisch ganz bestimmte Möglichkeiten, sich zu entwickeln. Die Körperkonstruktion des Organismus verursacht und bestimmt die Evolution, nicht aber die Einflüsse der Umwelt.

Hier wird also die Evolution nicht durch eine äußere Ursache, die Einflüsse der Umwelt erklärt, sondern durch eine Formursache, nämlich das Konstruktionsprinzip des Organismus selbst, das der Entwicklung eine ganz bestimmte Linie aufzwingt.

So lässt sich also ein und derselbe Prozess, die Evolution der Lebewesen, auf recht verschiedene Art und Weise erklären. Man kann daraus den Schluss ziehen, dass immer dann, wenn der andere eine Theorie präsentiert, die er als *einzig wahre* Erklärung der Ursachen darstellt, es lohnt, sich zu überlegen, ob es nicht eine Gegentheorie gibt, welche eine andere Erklärung anbietet. Das Ursachenschema des Aristoteles kann dabei Anhaltspunkte bieten.

Literatur

Einen guten Überblick über die Konzepte der Ursachen in der Philosophie bietet der Artikel *Ursache/Wirkung* im *Historischen Wörterbuch der Philosophie*, Band 11, Basel 2001. Über die Art und Weise, wie im Alltag Ursachen zugeordnet werden, informieren fast alle einführenden Werke zur Sozialpsychologie, und zwar unter dem Stichwort *Kausalattribution* (Ursachenzuschreibung). Empfehlenswert ist etwa der Artikel von Frank Fincham und Miles Hewstone in: Wolfgang Stroebe, Klaus Jonas, Miles Hewstone, *Sozialpsychologie. Eine Einführung*, Berlin u. a. 2002. Über die Bedeutung von Ursachenzuschreibungen in Sagen, Märchen und Mythen informiert der Artikel *Ätiologie* in der *Enzyklopädie des Märchens*, Bd. 1, Berlin, New York 1977.

Sokrates

20. Große Gesten

Wer andere überzeugen will, muss bereit sein, seinen Worten Taten folgen zu lassen. Im Alltag geschieht dies, indem man dem anderen durch kleinere und größere Opfer zeigt, dass man es ernst meint – mit seiner Freundschaft, seiner Liebe und seinen Überzeugungen.

Geld oder Schweiß und Tränen kann man für einen anderen fließen oder zumindest ein bisschen kullern lassen. Das alles ist natürlich nur dann von Nutzen, wenn es ausführlich beredet und auch wahrgenommen wird. Denn die beeindruckendsten Taten helfen wenig, wenn sie nicht von Zeit zu Zeit wortreich in Erinnerung gerufen werden. Erst dann lohnt sich ein: »Was habe ich nicht alles für dich getan!« Freilich kann der andere immer sagen: »Das hättest du sonst auch getan«, und damit stoßen wir auf die Crux des Opferns. Wenn der andere etwas für mich tut, ist das dann *wirklich* eine Probe seiner Aufrichtigkeit?

Manche Gesten jedoch lassen sich nur schwer in Zweifel ziehen. Wenn ein Mensch bereit ist, mit seinem Leben für seine Überzeugungen einzustehen, so ist dies von einer schwer zu überbieten Aussagekraft. Auch die Philosophie kennt einen solchen Fall. Es ist der Tod des Sokrates. Dieser wurde, weil er angeblich die Jugend verderbe, von Athener Mitbürgern angezeigt. Vor Gericht zog Sokrates erst einmal über die Ankläger, dann über die Richter her. Er erklärte, seine philosophische Arbeit mit den jungen Leuten sei ein Dienst an der Stadt. Entsprechend forderte er eine Belohnung für sein Tun. Das Gericht erkannte auf die Todesstrafe. Das Urteil störte den Sokrates nicht im Mindesten. Ruhig ging er ins Gefängnis. Die Gelegenheit zur Flucht ließ er ungenützt – Flucht sei gegen seine Prinzipien. Er war bereit, die letzte Konsequenz zu tragen.

Seine letzten Stunden sind uns durch Platon überliefert. Sokrates verbrachte sie im Gefängnis, das man sich allerdings kultiviert vorstellen muss, denn es gibt dort, so erzählt Platon, sogar ein richtiges Bad. Auch Besuch ist erlaubt, und so unterhält sich Sokrates in seinen letzten Stunden noch mit seinen Schülern. Er ist in heiterer Stimmung und versucht sogar noch das Leierspiel zu erlernen. Als man ihn fragt, wieso er sich denn ausgerechnet jetzt damit beschäftige, fragt er zurück: »Wann soll ich es denn sonst machen?« Schließlich kommt der Gerichtsdiener und spricht: »O Sokrates, über dich werde ich mich nicht zu beklagen haben, wie über andere, daß sie mir böse werden und mir fluchen, wenn ich ihnen ansage, das Gift zu trinken auf Befehl der Oberen.«

Den Sokrates bedrängen seine Schüler, er brauche doch noch nicht zu trinken, die Sonne scheine doch noch auf die Berge, und andere hätten sich gar noch schöne Frauen oder Lustknaben herkommen lassen oder köstliche Speisen oder Getränke, ob er denn dazu keine Lust empfinde?

»Gar recht,« sagt Sokrates, »hatten jene, so zu tun, wie du sagst – denn sie meinten etwas zu gewinnen, wenn sie so täten –, und gar recht habe auch ich, nicht so zu tun. Denn ich meine nichts zu gewinnen, wenn ich um ein weniges später trinke, als nur, daß ich mir selbst lächerlich vorkommen würde, wenn ich am Leben klebte und sparen wollte, wo nichts mehr ist.«

Dann nimmt er den Becher mit dem Schierlingssaft und fragt den Gerichtsdiener, ob man wohl damit ein Trankopfer machen könne, was dieser jedoch verneint:

»Wir bereiten nur soviel als nötig ist.«

»Ich verstehe. Beten aber darf man doch zu den Göttern und muß es, daß die Wanderung von hier nach dorthin glücklich sein möge, worum denn auch ich hiermit bete und so möge es geschehen.«

Und dann nimmt er den Becher und trinkt ihn aus.

Der Schierlingssaft war in der Antike ein verbreitetes Gift. Er enthält, wie man heute weiß, das Alkaloid Coniin, und zwar am stärksten in den unreifen Früchten. Weil dieses Gift sich an der Luft leicht zersetzt, muss der Schierlingssaft frisch zubereitet werden. In kleinen Dosen verwendet, hat er eine betäubende Wirkung. Deshalb war er in der Antike als Mittelchen gegen erotische Wallungen in Gebrauch. So ist etwa überliefert, dass die männlichen Priester im Heiligtum der Demeter in Eleusis, die unter lauter Frauen ihren Dienst versahen, winzige Mengen Schierling tranken, um sich erotisch unempfindlich zu machen. Übrigens wächst der Schierling auch in Deutschland an vielen Wegesrändern, meistens unerkannt zwischen anderem Kraut. Doch zurück zur Gefängnisszene! Platon schreibt:

»Von uns waren die meisten bis dahin ziemlich imstande gewesen sich zu halten, daß sie nicht weinten; als wir aber sahen, daß er trank und getrunken hatte, nicht mehr. Auch mir selbst flossen die Tränen mit Gewalt, und nicht tropfenweise, so daß ich mich verhüllen mußte ... Kriton war noch eher als ich aufgestanden, weil er nicht vermochte, die Tränen zurückzuhalten. Apollodoros aber hatte schon früher nicht aufgehört zu weinen, und nun brach er völlig aus, weinend und unwillig sich gebärend, und es war keiner, den er nicht durch sein Weinen erschüttert hätte ...«

Sokrates bleibt ganz ruhig und mahnt, das Weinen zu lassen, er habe gehört, man müsse still sein, wenn einer stirbt. Er geht herum, bis seine Beine taub werden, dann legt er sich hin. Schließlich wird sein ganzer Leib kalt, und als er merkt, dass das Gift auf das Herz zugreift, sagt er die berühmten Worte:

»O Kriton, wir sind dem Asklepios einen Hahn schuldig.«

Dann stirbt er.

Der Asklepios, auch unter dem Namen Äskulap bekannt, war der Gott der Heilkunst. Kranke opferten ihm, wenn sie plötzlich gesundeten. So starb Sokrates den Märtyrertod für seine Philosophie. Der zivilisierte Tod eines Gentleman – so erscheint er zumindest in der Beschreibung Platons.

Ob er sich tatsächlich so zivilisiert zugetragen hat? Der Tod durch den Schierlingsbecher war jedenfalls kein angenehmer Tod, wie wir aus anderen Schilderungen wissen. Das Gift des Schierlings wirkt ähnlich wie das Curare-Pfeilgift, mit dem einige Indianerstämme am Amazonas jagen: Es lähmt die motorischen Nerven der Muskulatur. Die Empfindungsfähigkeit bleibt erhalten. Der mit Schierling vergiftete Mensch behält deshalb sein Bewusstsein bis zuletzt – bis der Tod durch Atemstillstand eintritt. Das allmähliche Erkalten von unten nach oben ist eine Stilisierung. Klinische Symptome der Schierlingsvergiftung sind Brennen im Hals, Übelkeit und Erbrechen, Schwindel, Zuckungen aller Muskeln, dann erst aufsteigende Lähmung – und ein fast plötzlicher Tod. Nikandros, der antike Autor eines Lehrgedichtes, gibt folgendes Bild vom Schierlingstod, das sich von der Schilderung Platons unterscheidet:

> Erfahre nun vom Schierling, was er für Nöte bringt:
> Der dunklen Nacht blutrote Binde ums Haupt er schwingt,
> Die Augen seh'n Irrlichter,
> die Beine straucheln schwer,
> Man fällt auf seine Hände und hustet rings umher,
> Die Fingerspitzen frieren,
> aus ihnen schießt das Blut,
> Und kaum noch kann man atmen,
> gepackt von Todeswut.

Nein, der Tod durch den Schierlingsbecher war gewiss keine angenehme Sache. Man brauchte Kraft, um ihn so gefasst zu ertragen wie Sokrates. Zwar relativiert sich sein Opfertod, wenn man bedenkt, dass er damals bereits siebzig Jahre alt war. Das mindert aber nur wenig an dem Eindruck, den seine Geste über Jahrhunderte und Jahrtausende hinweg gemacht hat. Sie wurde fleißig weitererzählt und sogar wiederholt gemalt. Wer weiß, ob die Philosophie ohne den Schierlingsbecher je bekannt geworden wäre. Sein großartig inszenierter Tod untermauerte die Erhabenheit der Sache, für die er stand. Marcus Fabius Quintilianus, ein römischer Schriftsteller, schrieb fünfhundert Jahre später: »Indem er auf die wenigen Jahre, die ihm noch blieben, verzichtete, hat er ein Leben durch die Jahrhunderte gewonnen.«

Literatur

Über das Opfer in der Antike informiert der entsprechende Übersichtsartikel in: *Der Neue Pauly, Enzyklopädie der Antike*, Bd. 8, Stuttgart 2000; sowie der Artikel *Opfer* in der *Enzyklopädie des Märchens*, Bd. 10, Berlin, New York 2002. Zur Theorie des Opfers finden sich wichtige Hinweise bei Karl Hielscher, *Über das Opfermotiv im Geld und seine Beziehung zur Kunst*, in der *Neuen Rundschau*, 92. Jahrgang 1981, Heft 2, S. 23–43. Zur Argumentation mit dem Opfer kann ich nur eine französische Quelle nennen: Chaim Perelman und Lucie Olbrechts-Tyteca, *Traité de l'argumentation. La nouvelle rhétorique*, Bruxelles 1992, § 58.

Zum Schluss

Philosophie lebt von der Diskussion, vom Austausch der Meinungen. Dabei kommt es nicht nur darauf an, eine Reihe von Praktiken zu beherrschen. Es empfiehlt sich auch eine bestimmte Haltung. Denn im philosophischen Gespräch geht es nicht darum, den anderen mit allen Mitteln von einer feststehenden Meinung zu überzeugen. Wichtig ist vielmehr, gemeinsam in einer Sache weiterzukommen.

Daher empfiehlt es sich, von vornherein in Betracht zu ziehen, dass auch der andere recht haben kann. Um den harten Siegeswillen, der viele sachliche Diskussionen zerstört, in Schranken zu halten, empfahlen die Meister der Antike sogar, sich zu jeder Frage nicht nur eine, sondern zwei entgegengesetzte Meinungen zu bilden. Eine schwierige Gymnastik! Sie ist aber nützlich. Denn wer nur eine einzige Meinung kennt, neigt dazu, diese zum Maß aller Dinge zu machen und das, was die anderen sagen, vorschnell für Unsinn zu erklären.

Auch vermeintlicher Unsinn hat oft, wenn man ihn näher betrachtet, einen versteckten Sinn. Wie absurd erschienen etwa den aufgeklärten Wissenschaftlern des 18. Jahrhunderts die Sagen und Legenden von Lindwürmern, Monstern und Einhörnern! Bis heute gelten sie als Musterbeispiel für reinen Aberglauben. Doch wenn man der Sache nachgeht, stellt sich heraus, dass die Drachensagen keineswegs abwegige Produkte einer blühenden Phantasie sind. Denn die Legenden um monströse und phantastische Tiere waren nicht ohne Anlass. Die Menschen hatten *Fossilien* gefunden.

So wurde zum Beispiel bei Klagenfurt im Jahr 1335 ein riesiger Schädel ausgegraben, den man keinem bekannten Tier zuordnen konnte. Man schmiedete das erstaunliche Stück an eiserne Ketten und stellte es im Rathaus aus. Die Klagenfurter glaubten, den Schädel eines Lindwurms vor sich zu haben, der einstmals in der Gegend sein Unwesen getrieben habe. Ein lebensgroßes Denkmal, sozusagen eine Lindwurmrekonstruktion, wurde Ende des 16. Jahrhunderts entworfen und 1636 von einem Bildhauer vollendet.

Es ist heute noch zu besichtigen und zeugt von den Mythen, die man sich damals erzählte.

Und die Mythen hatten einen wahren Kern. Zwar handelte es sich nicht um den Schädel eines Feuer spuckenden Drachen, der Jungfrauen verschlang. Aber ein großes Tier war es doch, dessen Schädel die Phantasie der Klagenfurter beschäftigte. Heutige Wissenschaftler sind der Ansicht, dass es sich um den Schädel eines wollhaarigen Nashorns handelt.

Möglicherweise sind auch die Erzählungen von Zyklopen, die sich etwa in der *Odyssee* finden, inspiriert durch Funde fossiler Knochen. Die Schädel von Mammuts oder anderen Elefantenarten weisen ja auf der Stirn ein Loch auf.

Aus unserer heutigen Sicht erscheinen daher die Legenden von phantastischen Lebewesen, die von den Aufklärern seinerzeit selbstsicher verspottet wurden, nicht mehr ganz so lächerlich. Denn heute wissen wir, dass es auf der Erde noch viel monströsere Lebewesen gab als jene, die in den alten Fabeln und Sagen beschrieben werden. Die Wahrheit ist bisweilen phantastischer, als man denkt. Nichts ist so unphilosophisch, wie die Meinung, die eigene Philosophie sei der Weisheit letzter Schluss. Denn bei der Untersuchung der Wahrheit gilt, wie Aristoteles an einer berühmten Stelle seiner *Metaphysik* sagt, »daß sie einerseits von niemandem vollständig erreicht werden kann, andererseits aber auch keiner sie ganz verfehlt«. Man muss bereit sein, von anderen zu lernen – und zugleich den Mut haben, selbst zu denken. In diesem Sinne wünsche ich dem Leser Freude beim Philosophieren.

Manfred Mai
Geschichte der deutschen Literatur
Mit Bildern von Rotraut Susanne Berner
Gulliver (75525), 240 Seiten *ab 12*

Von den ersten überlieferten Zaubersprüchen aus dem
8. Jahrhundert bis zur Gegenwartsliteratur – Manfred Mai erzählt
anschaulich und lebendig von mehr als tausend Jahren deutscher
Dichtung. Er stellt wichtige Epochen, Autoren und Werke vor
und bettet sie in die politische und soziale Entwicklung ein.
Ein Leitfaden durch die Jahrhunderte deutscher Literatur, der
nicht nur jungen Menschen Lust aufs Lesen macht.

»Kurz und prägnant, übersichtlich und erzählerisch überzeugend,
mit einer knappen, aber treffenden Auswahl. Dieses Buch ist
einfach klasse!« *Eselsohr*

www.gulliver-welten.de
Beltz & Gelberg, Postfach 10 01 54, 69441 Weinheim